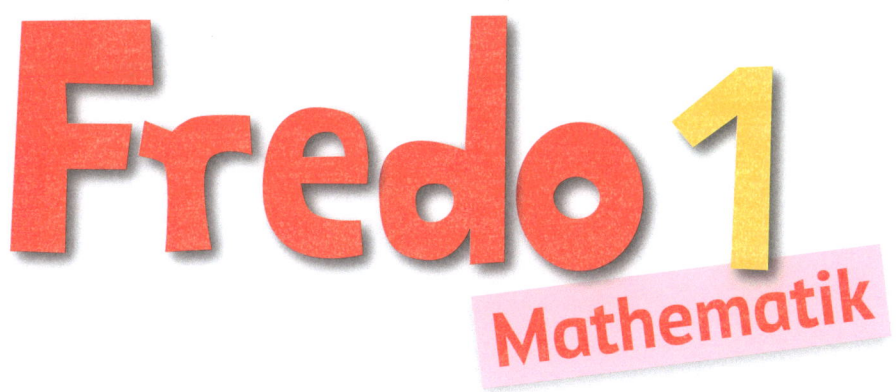

Fredo 1 Mathematik

Förderheft

Erarbeitet von
Mechtilde Balins
Rita Dürr
Nicole Franzen-Stephan
Petra Gerstner
Ute Plötzer
Anne Strothmann
Margot Torke
Lilo Verboom

Unter Beratung von
Stephan Franke

Illustriert von
Cleo-Petra Kurze
Martina Theisen

W0175581

 Zusatzmaterialien (Ziffernschreibkurs) im Internet verfügbar unter
www.cornelsen.de/webcodes   **Code: vundadi**

 Deine **interaktiven Gratis-Übungen** findest du hier:

1. Gehe auf scook.de.
2. Gib den unten stehenden Zugangscode in die Box ein.
3. Hab viel Spaß mit deinen Gratis-Übungen.

Dein Zugangscode auf
www.scook.de | yksvh-2apn5

Oldenbourg Schulbuchverlag, München

Inhaltsverzeichnis

Fredo 1 Mathematik – Förderheft © 2018 Cornelsen Verlag GmbH, Berlin

Mengen bestimmen

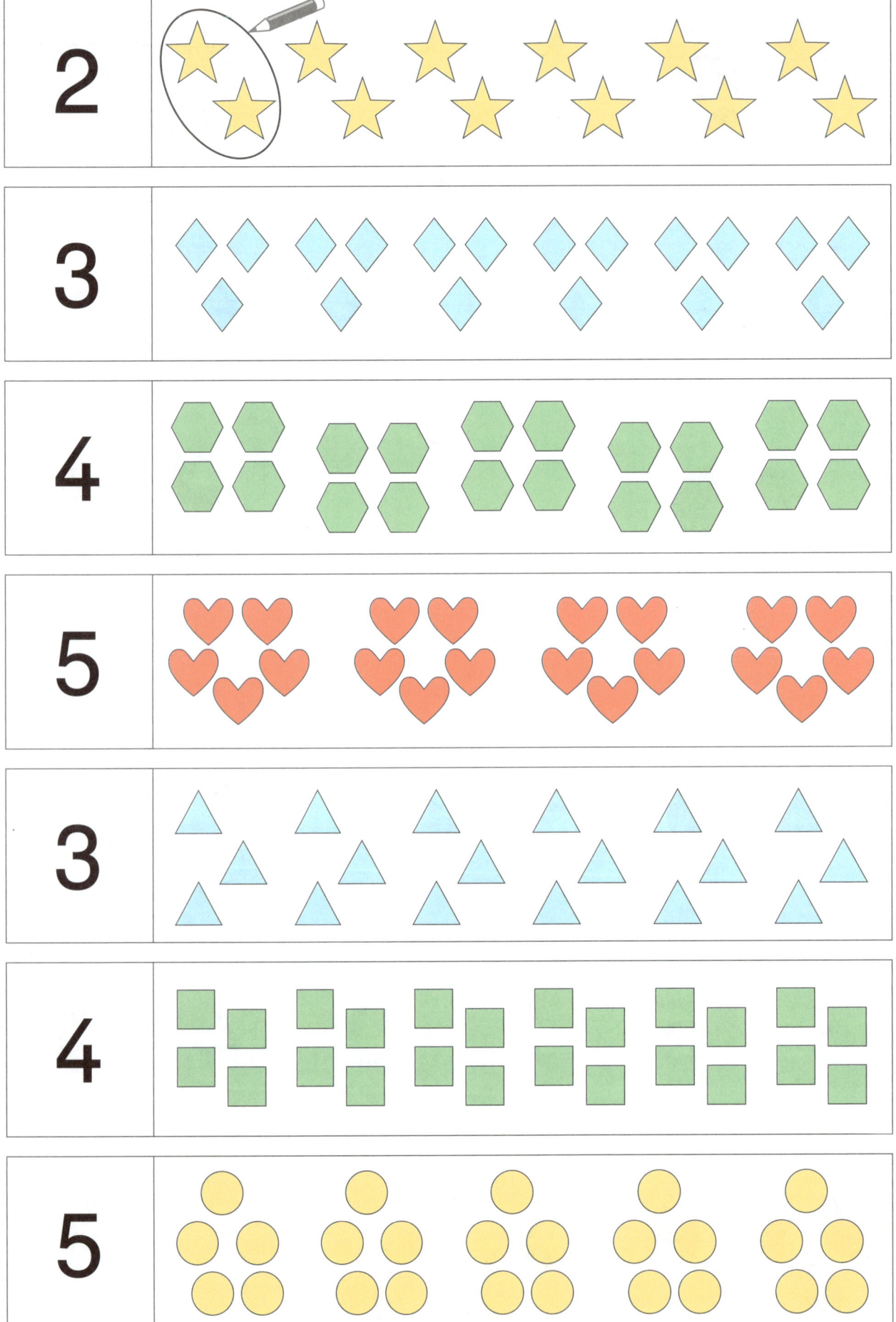

Fredo 1 Mathematik – Förderheft © 2018 Cornelsen Verlag GmbH, Berlin

Mengen zeichnen

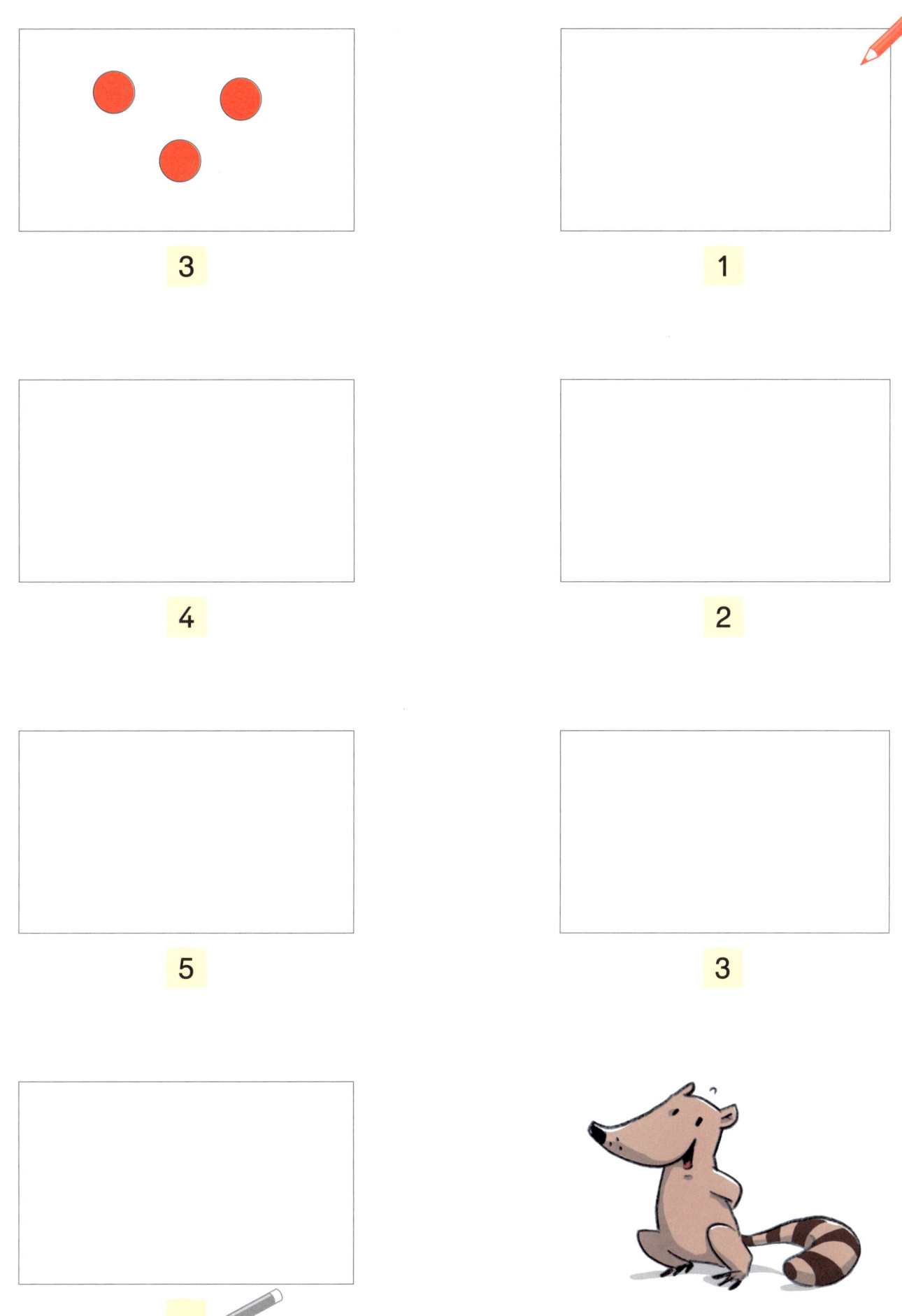

3

1

4

2

5

3

1 Verbinde.

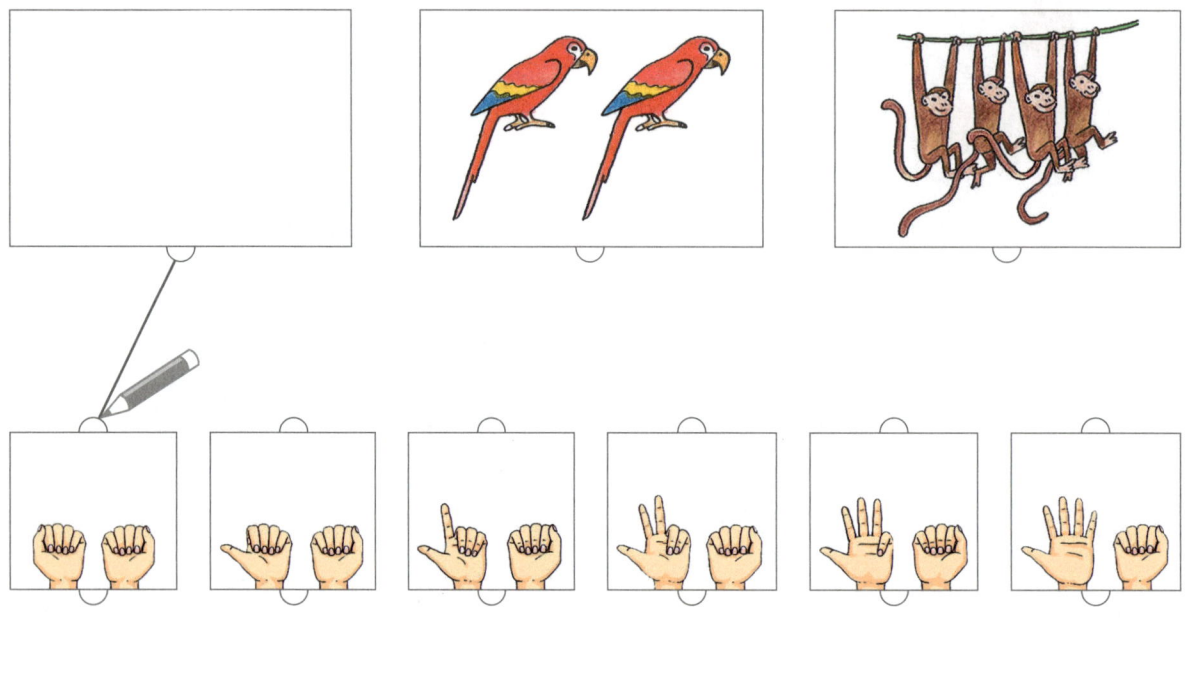

  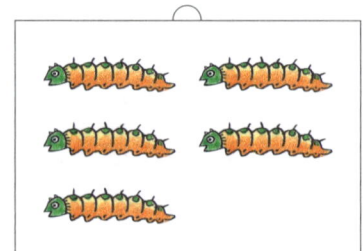

2 Verbinde.

Fredo 1 Mathematik – Förderheft © 2018 Cornelsen Verlag GmbH, Berlin

1 Verbinde.

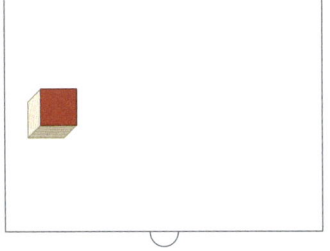 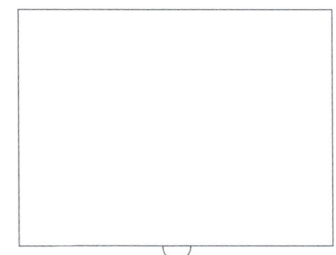 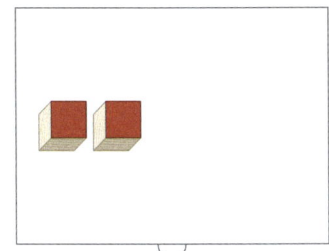

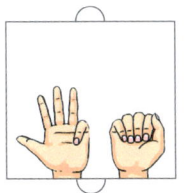 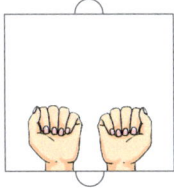 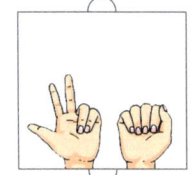 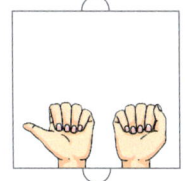 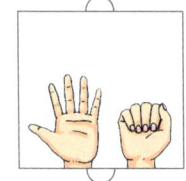 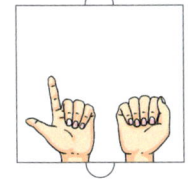

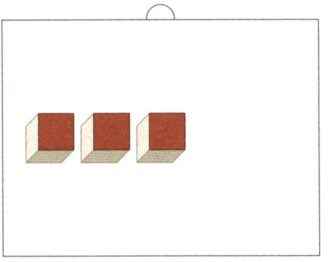 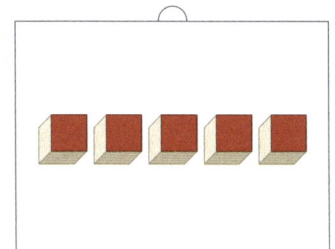 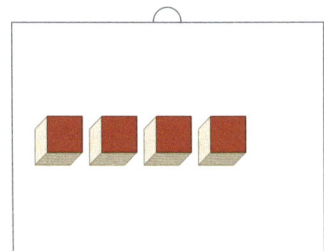

2 Verbinde.

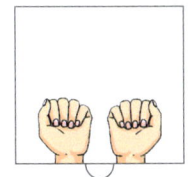 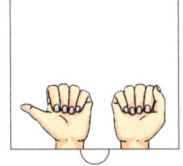   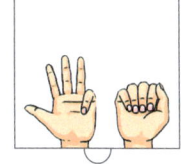 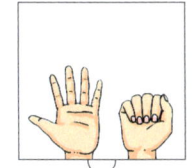

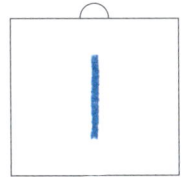 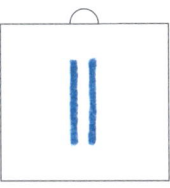   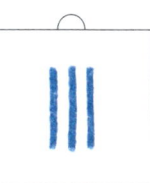 

Fredo 1 Mathematik – Förderheft © 2018 Cornelsen Verlag GmbH, Berlin

1 Verbinde.

 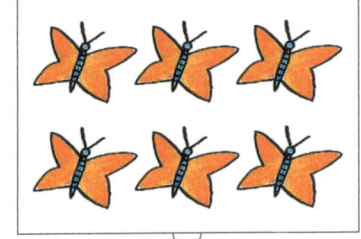 

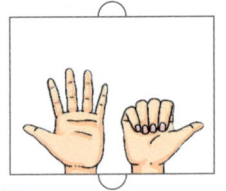 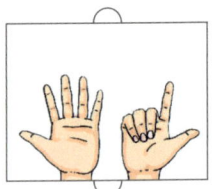 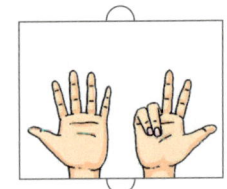  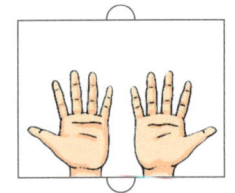

2 Verbinde.

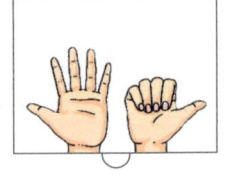 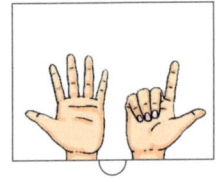 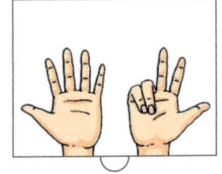 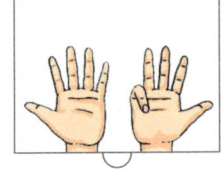 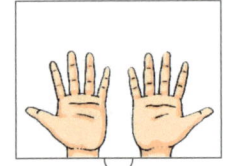

8 **6** **7** **10** **9**

Fredo 1 Mathematik – Förderheft © 2018 Cornelsen Verlag GmbH, Berlin

1 Verbinde.

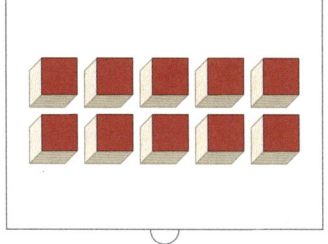 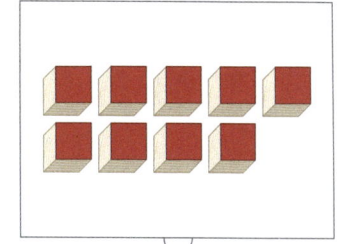 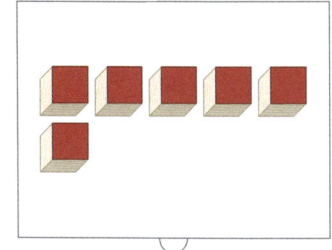

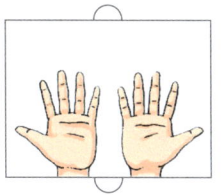 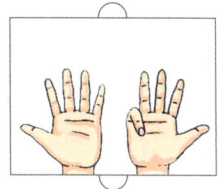 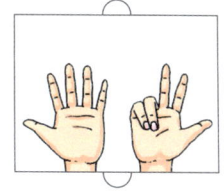  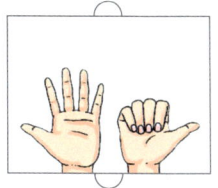

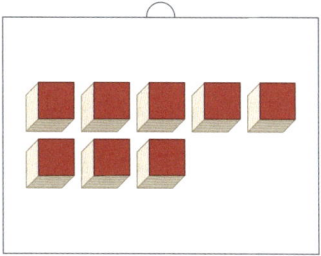 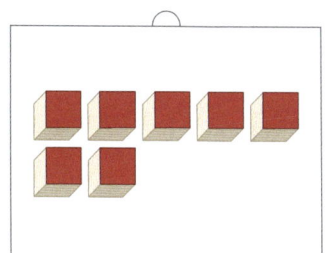

Fredo 1 Mathematik – Förderheft © 2018 Cornelsen Verlag GmbH, Berlin

2 Verbinde.

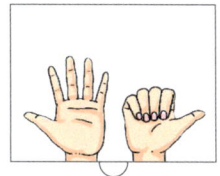 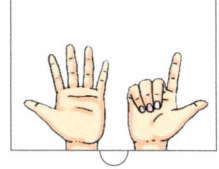 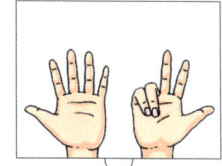 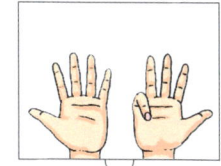 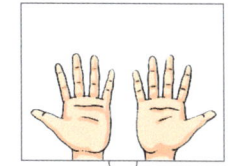

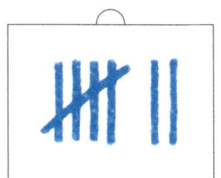  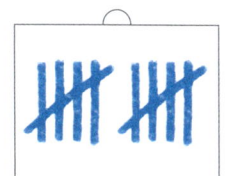 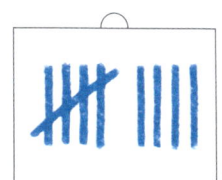 

1 Verbinde.

| 1 | 2 | 3 | 4 | 5 | 6 |

2 Male.

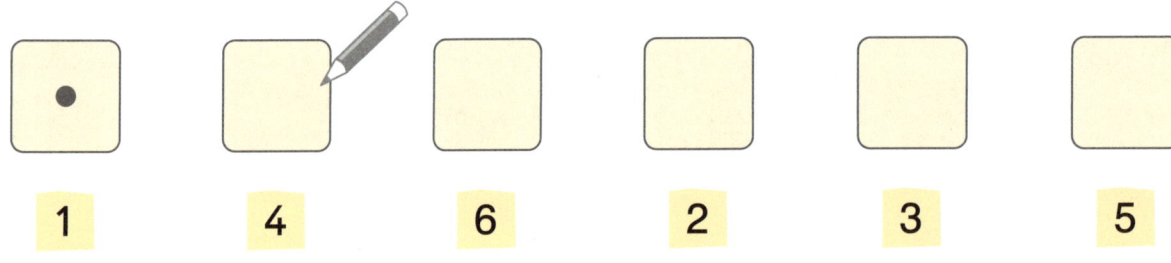

| 1 | 4 | 6 | 2 | 3 | 5 |

3 Verbinde.

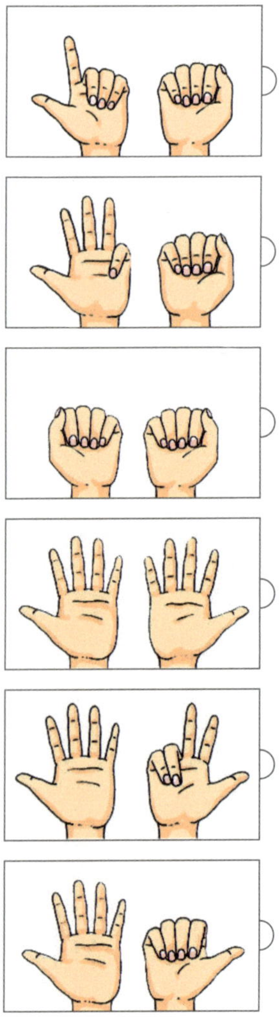

0
1
2
3
4
5
6
7
8
9
10

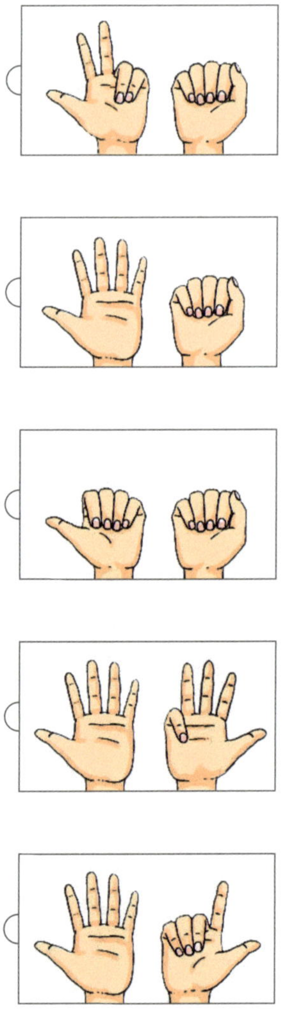

Fredo 1 Mathematik – Förderheft © 2018 Cornelsen Verlag GmbH, Berlin

1 Immer 3: Kreuze an.

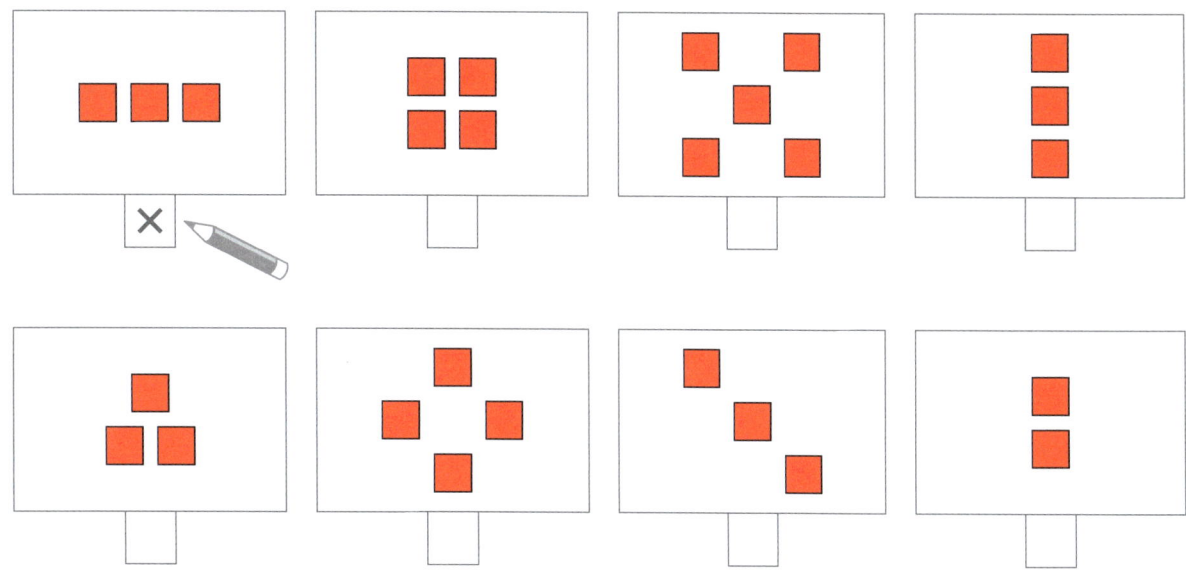

2 Immer 4: Kreuze an.

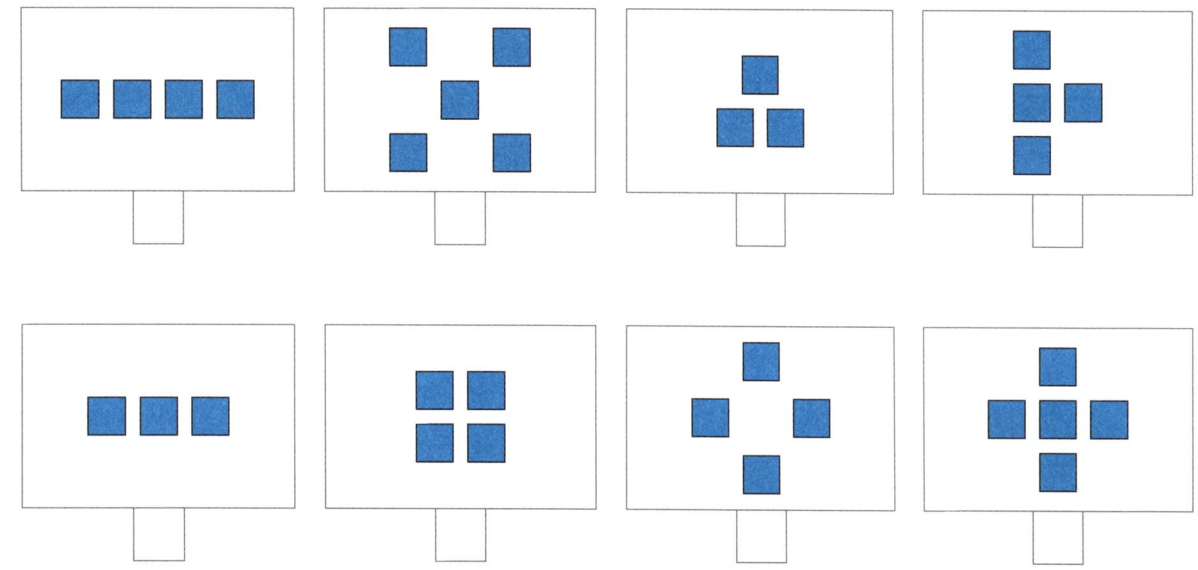

3 Immer 5: Kreuze an.

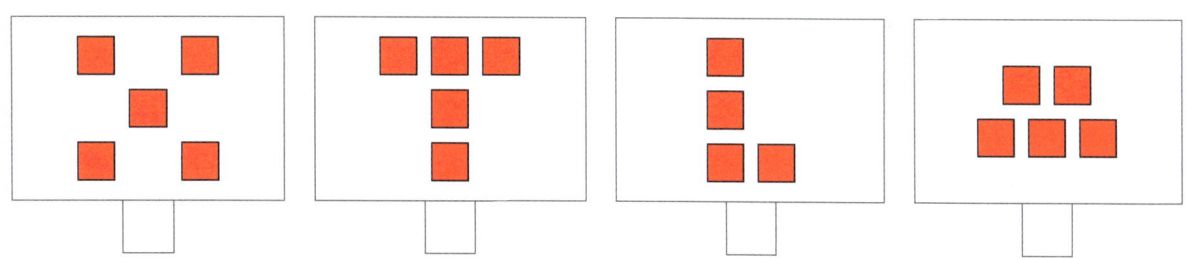

Pläne zeichnen

Male nach.

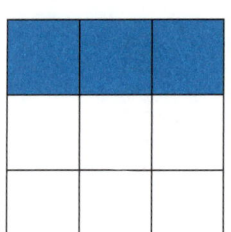  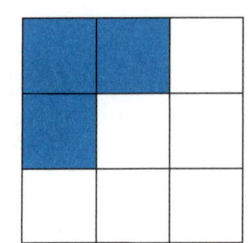 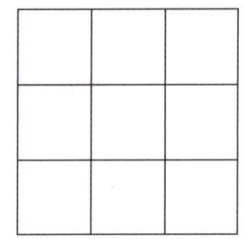

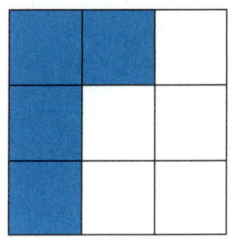 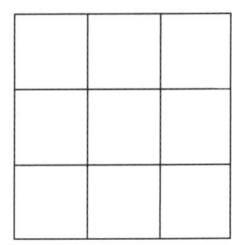 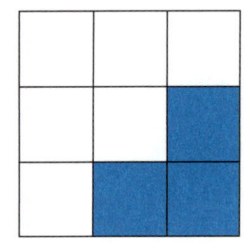 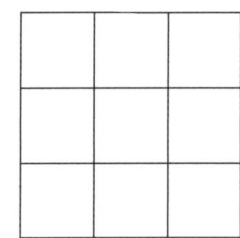

 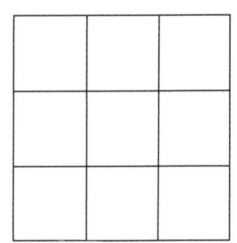  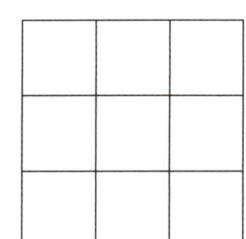

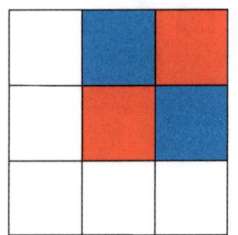 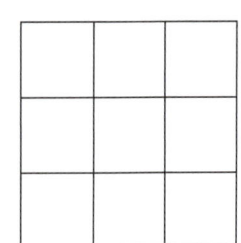  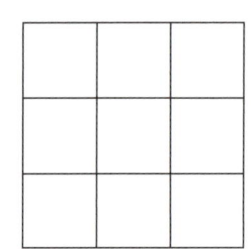

 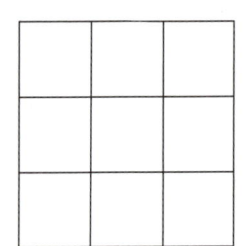  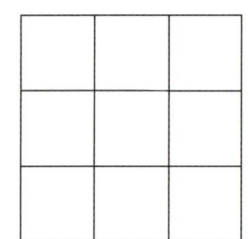

Fredo 1 Mathematik – Förderheft © 2018 Cornelsen Verlag GmbH, Berlin

Genug? Nicht genug?

Fredo 1 Mathematik – Förderheft © 2018 Cornelsen Verlag GmbH, Berlin

Genug? Nicht genug?

Fredo 1 Mathematik – Förderheft © 2018 Cornelsen Verlag GmbH, Berlin

Wie viele Würfel mehr?

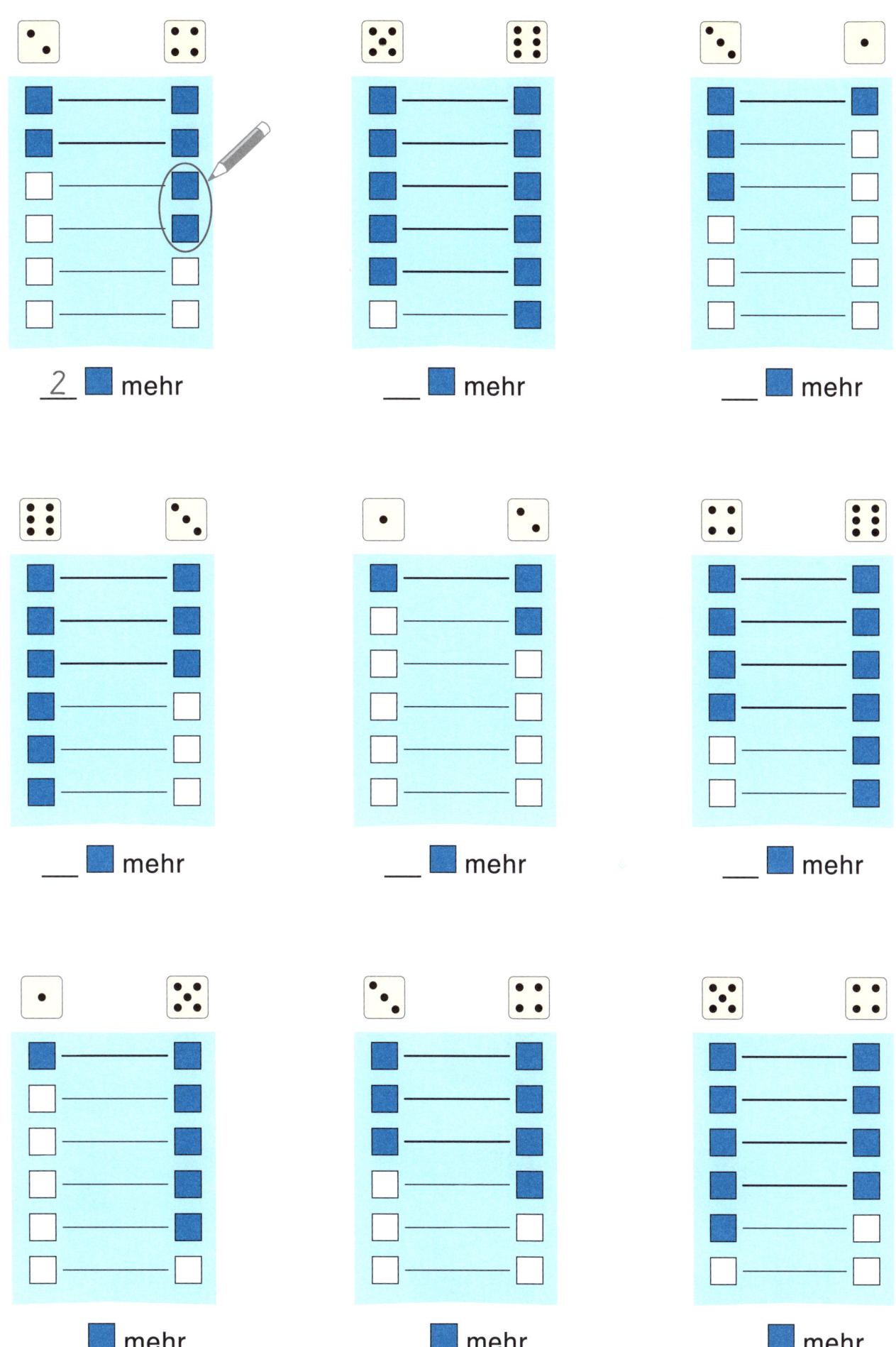

_2_ 🟦 mehr

___ 🟦 mehr

___ 🟦 mehr

___ 🟦 mehr

___ 🟦 mehr

___ 🟦 mehr

___ 🟦 mehr

___ 🟦 mehr

___ 🟦 mehr

Schnellblick am Zehnerfeld

1 Wo sind 5? Kreuze an.

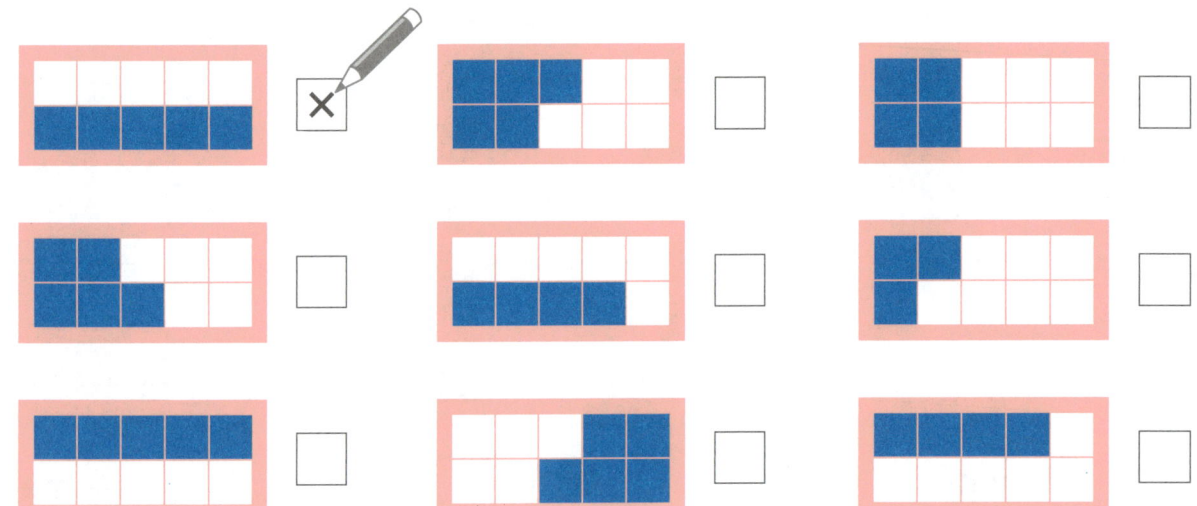

2 Wo sind 4? Kreuze an.

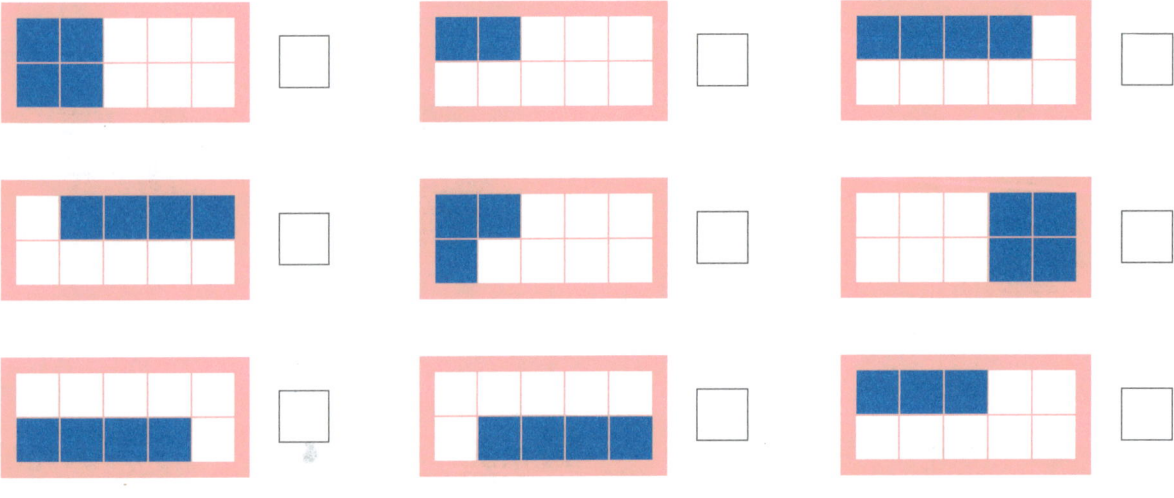

3 Wo sind 6? Kreuze an.

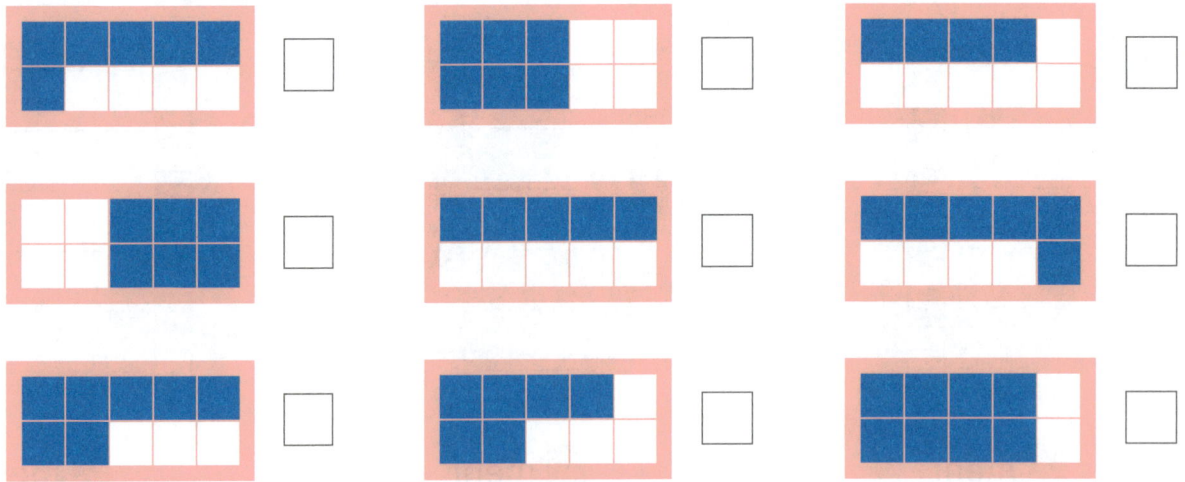

Fredo 1 Mathematik – Förderheft © 2018 Cornelsen Verlag GmbH, Berlin

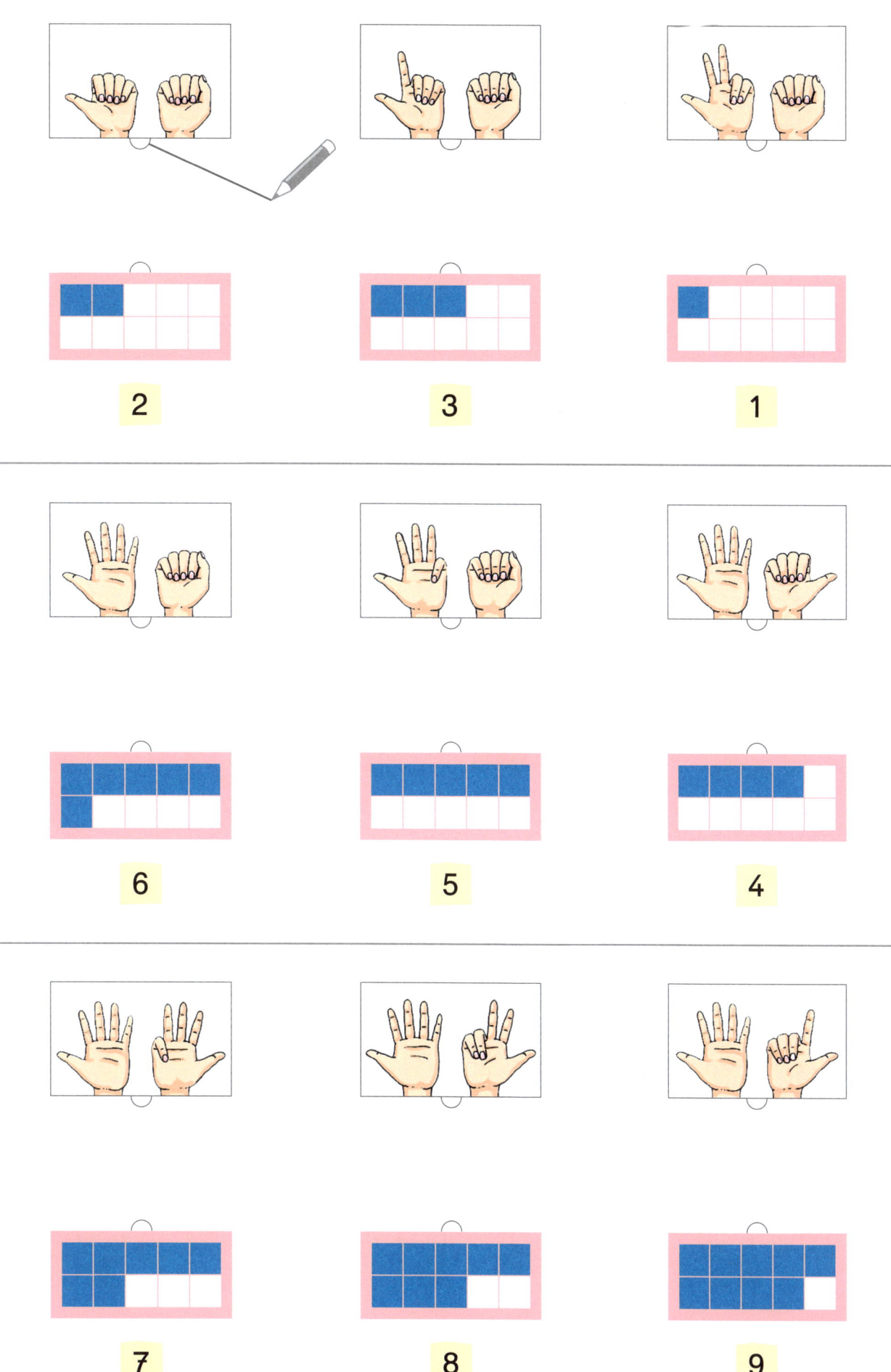

Zahlenreihe

1 Wie heißt die größere Nachbarzahl?

5	6		2			8			6	

4			1			9			7	

2 Wie heißt die kleinere Nachbarzahl?

1	2			5			9			6

	8			4			3			10

3 Wie heißen die Nachbarzahlen?

4	5	6		2			8	

	6			9			4	

	7			3			5	

Fredo 1 Mathematik – Förderheft © 2018 Cornelsen Verlag GmbH, Berlin

1 Wie geht es weiter?

2 Wie geht es zurück?

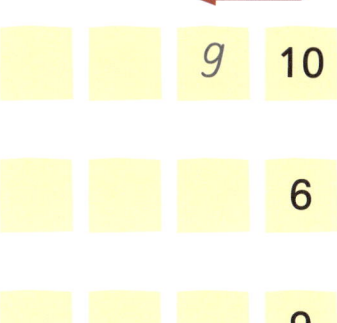

3 Vervollständige die Zahlenreihe.

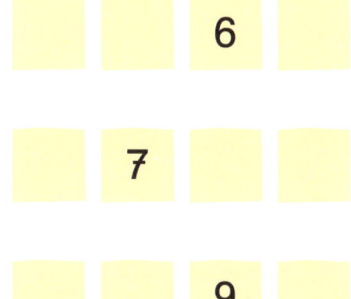

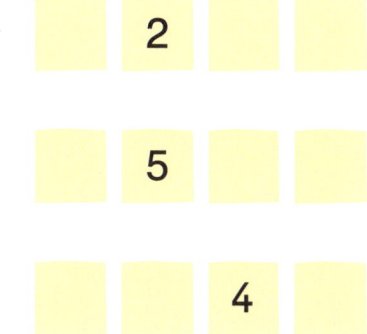

Zahlen vergleichen

1 Welche Zahl ist größer? Kreise ein.

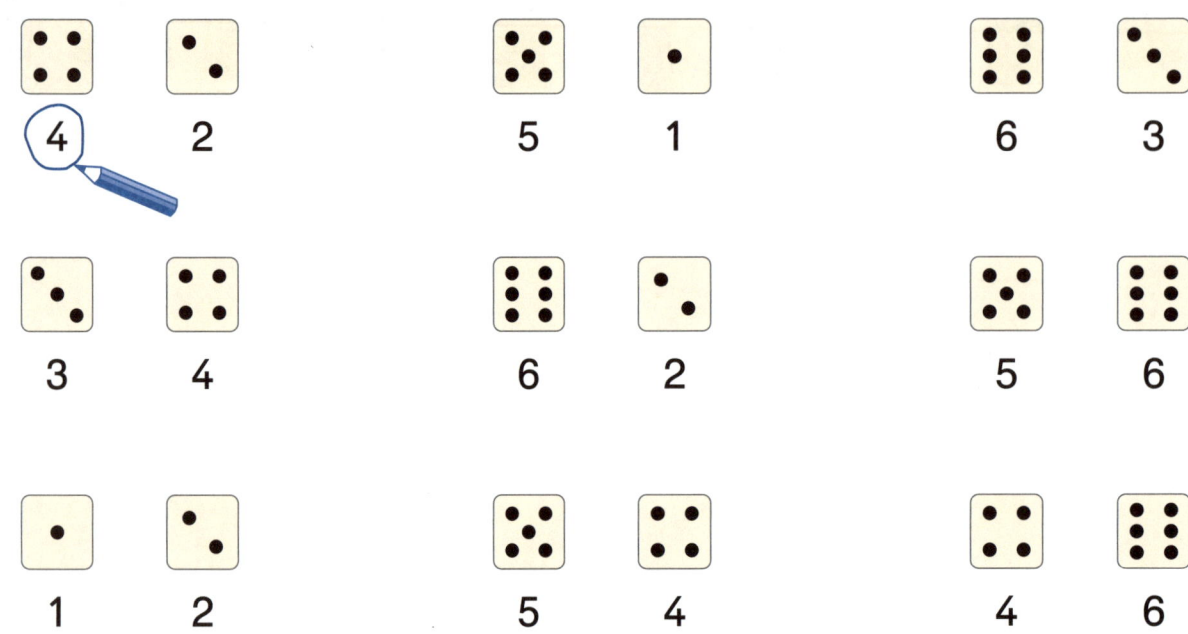

④	2	5	1	6	3
3	4	6	2	5	6
1	2	5	4	4	6

2 Welche Zahl ist kleiner? Kreise ein.

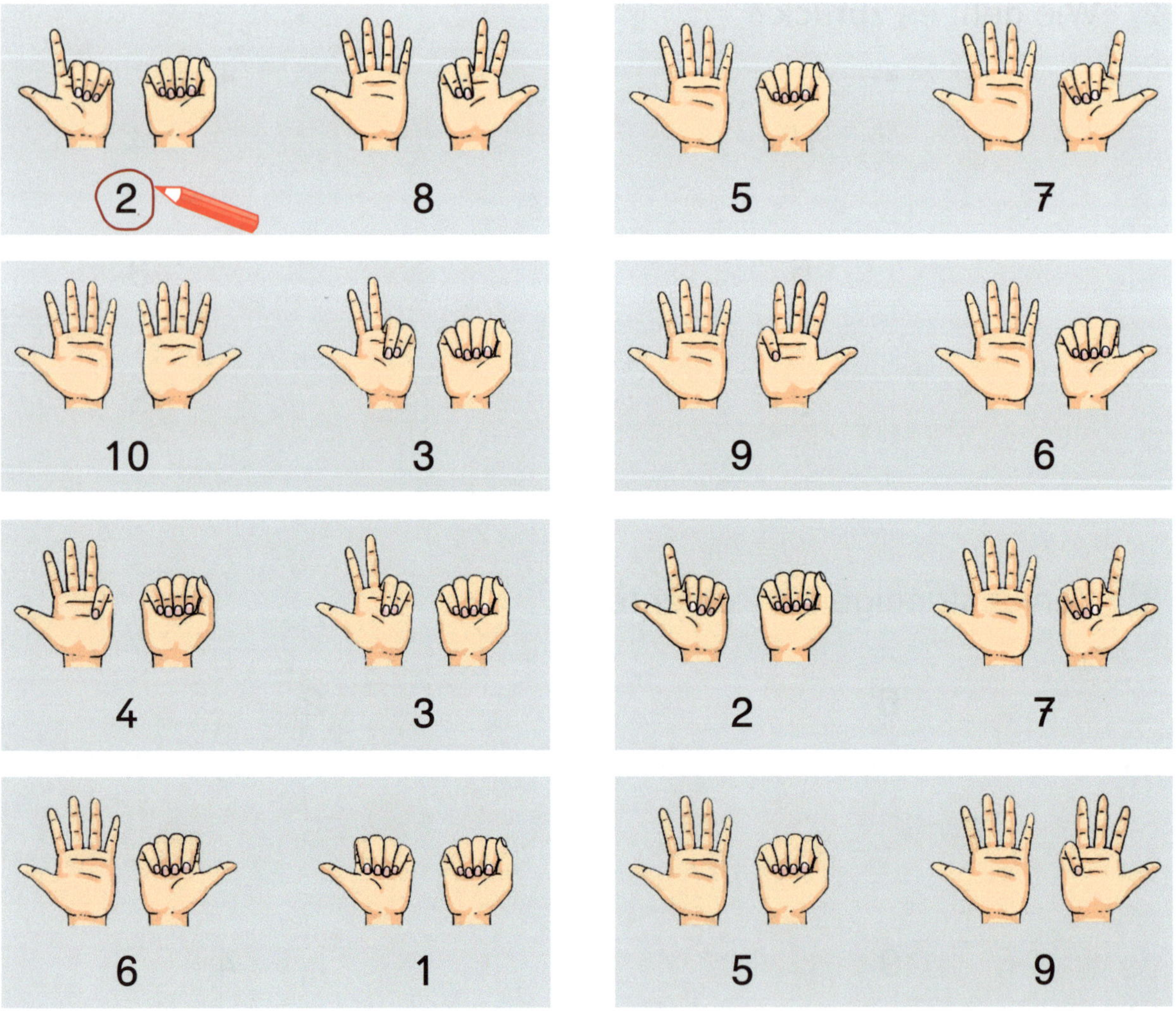

②	8	5	7
10	3	9	6
4	3	2	7
6	1	5	9

Fredo 1 Mathematik – Förderheft © 2018 Cornelsen Verlag GmbH, Berlin

Zahlen vergleichen

< ist kleiner als   = ist gleich   > ist größer als

1 Vergleiche: $<$, $=$, $>$

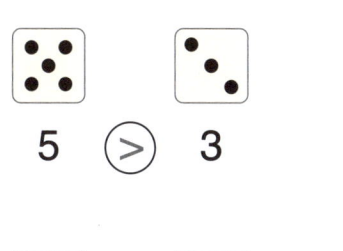

5 $>$ 3

6 ◯ 1

4 ◯ 4

2 ◯ 4

1 ◯ 3

6 ◯ 4

5 ◯ 5

3 ◯ 6

2 ◯ 2

2 Vergleiche: $<$, $=$, $>$

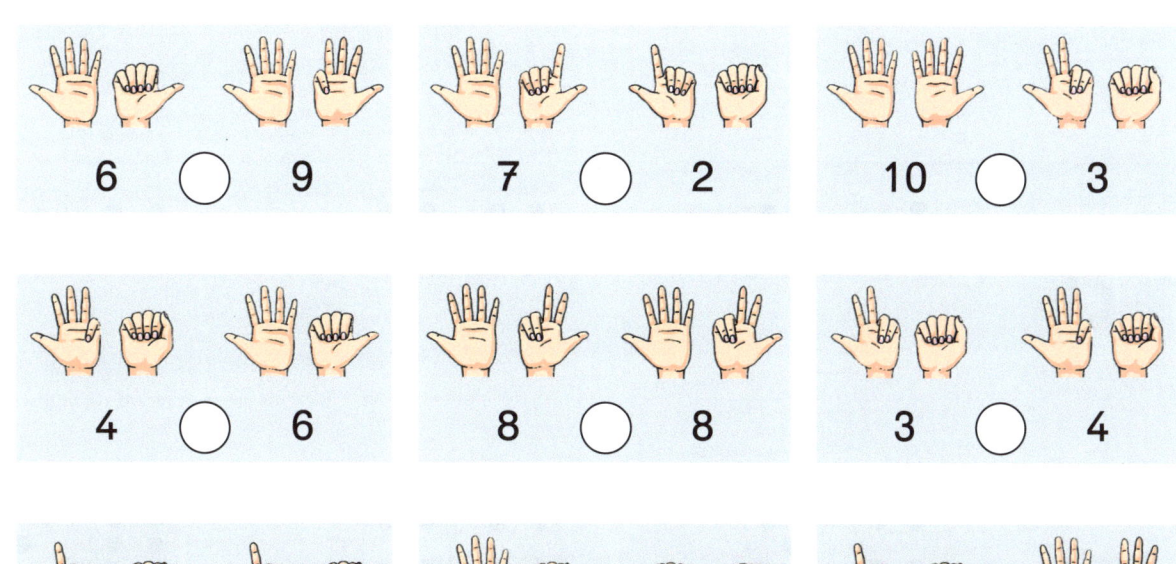

6 ◯ 9

7 ◯ 2

10 ◯ 3

4 ◯ 6

8 ◯ 8

3 ◯ 4

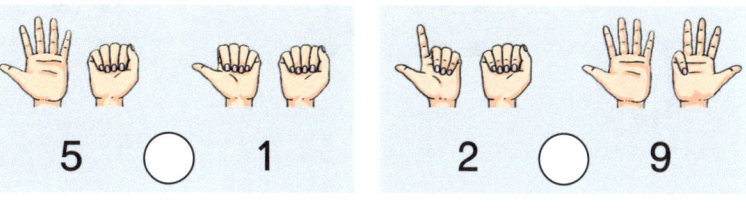

2 ◯ 2

5 ◯ 1

2 ◯ 9

Fredo 1 Mathematik – Förderheft © 2018 Cornelsen Verlag GmbH, Berlin

Zahlen zusammensetzen

Was ist richtig? Kreuze an.

Es gibt immer 2 richtige Lösungen.

 **4**
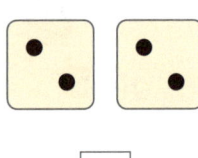
☒
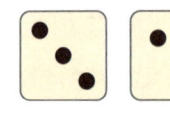
☐

☐

5
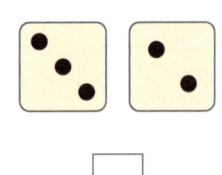
☐

☐
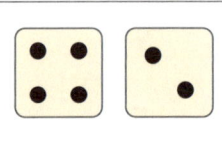
☐

6
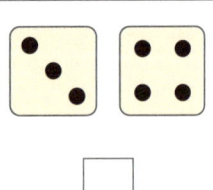
☐
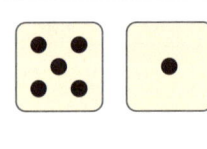
☐
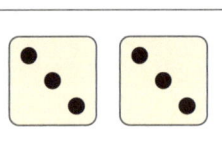
☐

7
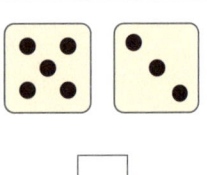
☐

☐
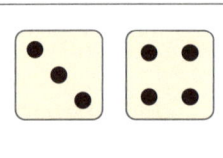
☐

8
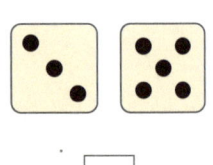
☐
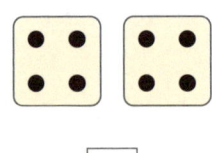
☐
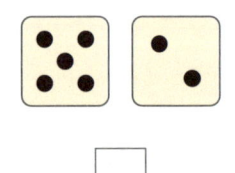
☐

9
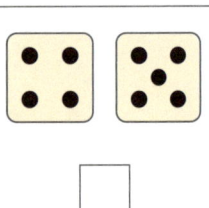
☐

☐
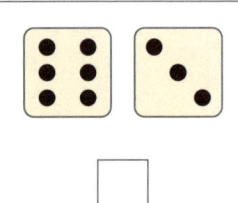
☐

Schüttelschachteln

1

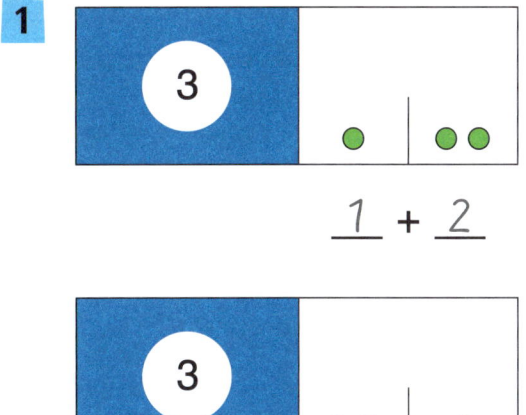

$\underline{1} + \underline{2}$

___ + ___

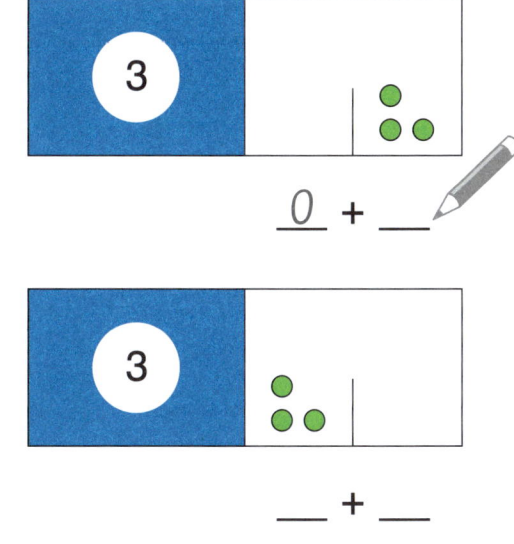

$\underline{0} + \underline{}$

___ + ___

2

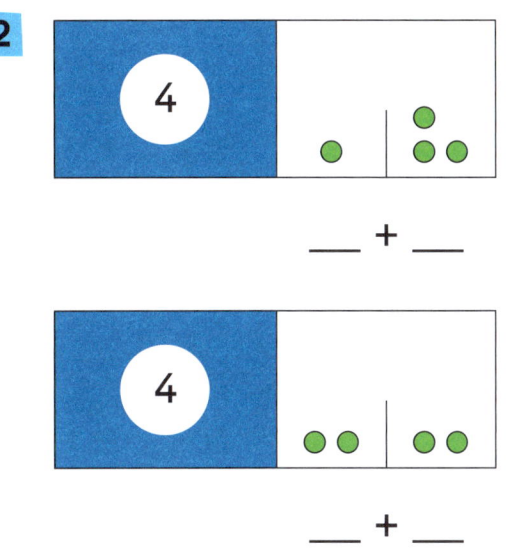

___ + ___

___ + ___

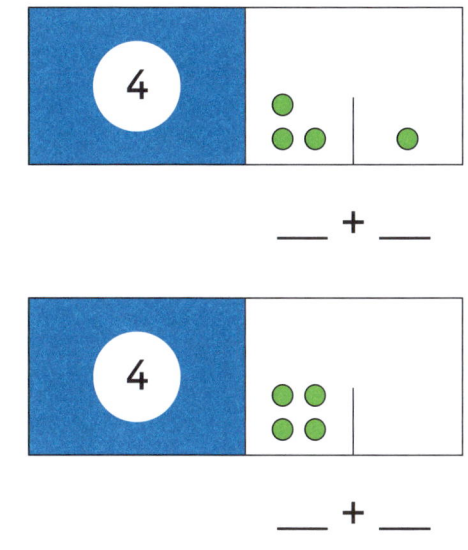

___ + ___

___ + ___

3

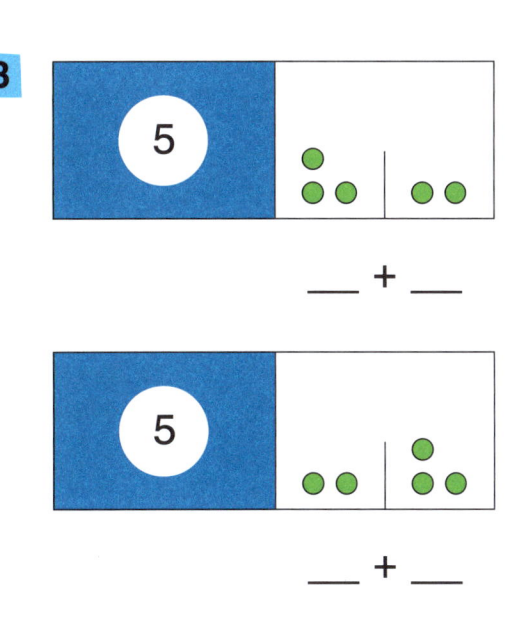

___ + ___

___ + ___

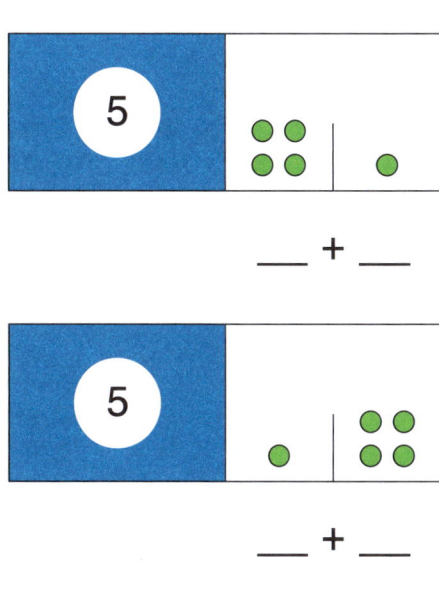

___ + ___

___ + ___

Schüttelschachteln

1

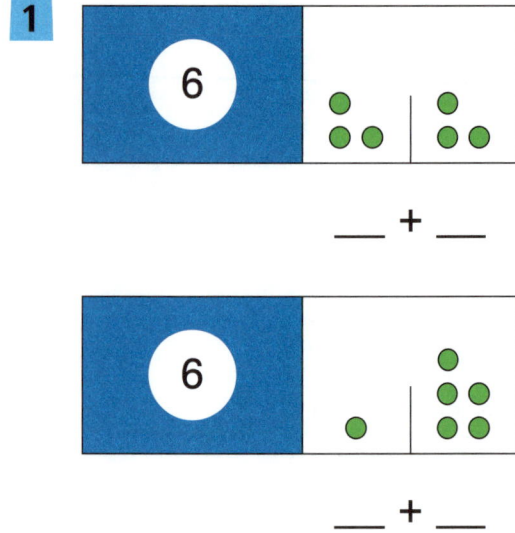

___ + ___

___ + ___

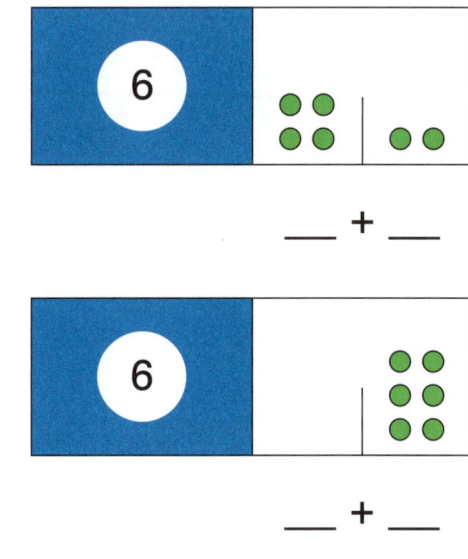

___ + ___

___ + ___

2

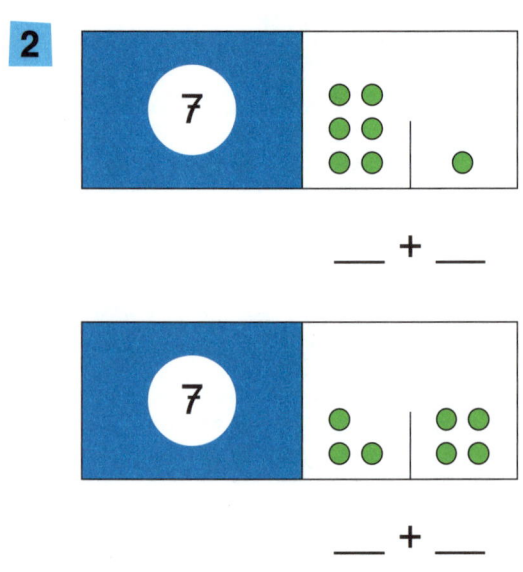

___ + ___

___ + ___

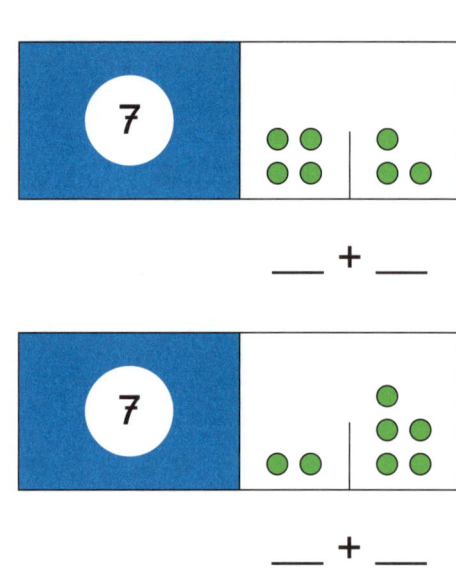

___ + ___

___ + ___

3

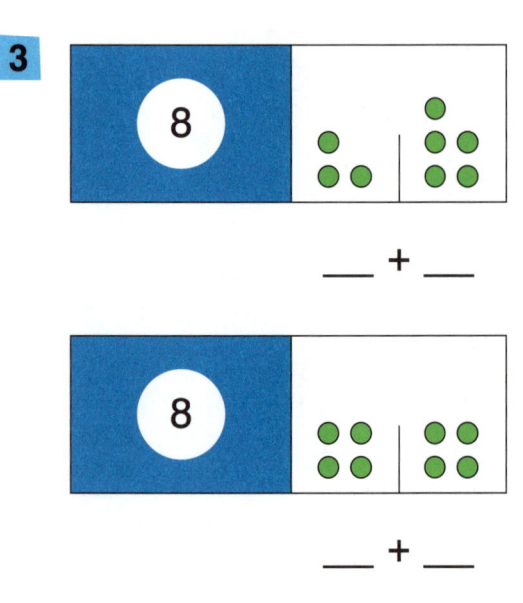

___ + ___

___ + ___

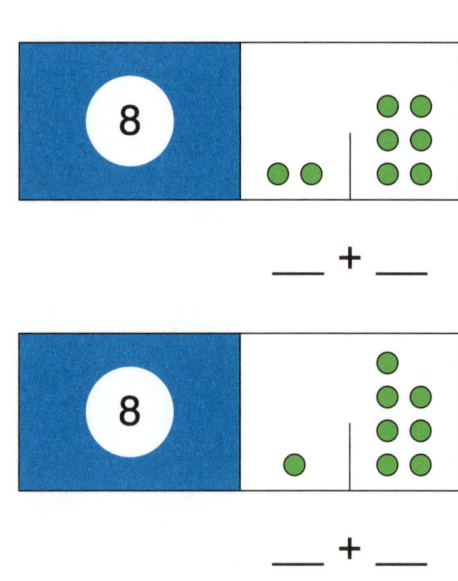

___ + ___

___ + ___

Fredo 1 Mathematik – Förderheft © 2018 Cornelsen Verlag GmbH, Berlin

Fredo 1 Mathematik – Förderheft © 2018 Cornelsen Verlag GmbH, Berlin

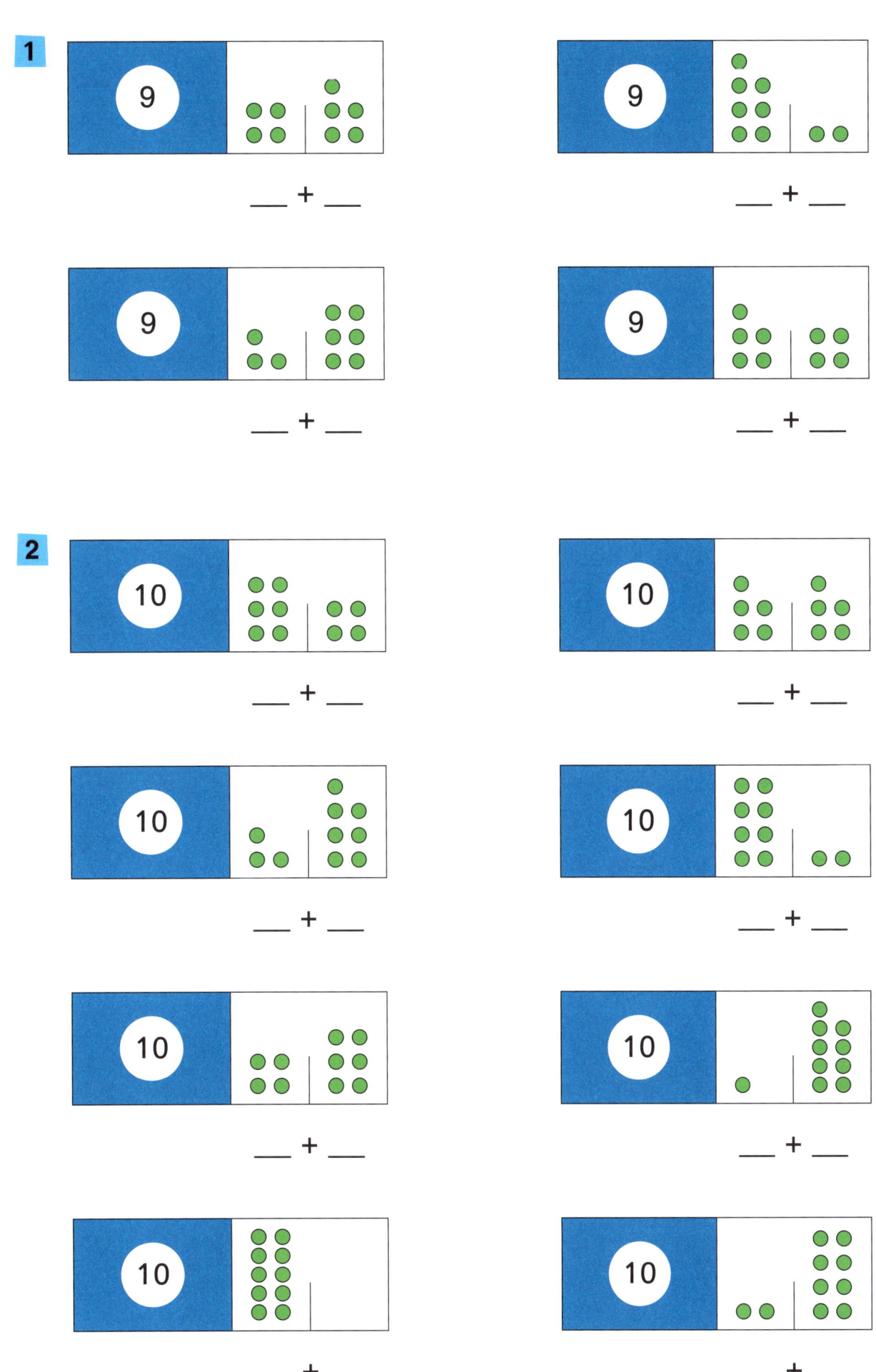

1

___ + ___

2

___ + ___

Welche Zahl wurde zerlegt? Schreibe Zahl und Zerlegung auf.

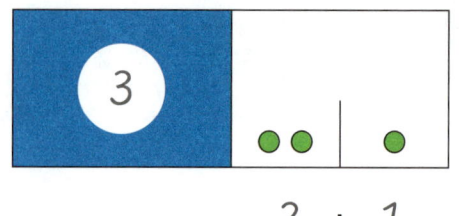

<u>2</u> + <u>1</u>

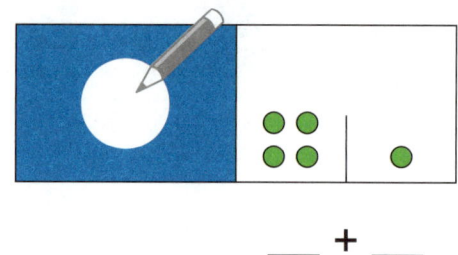

__ + __

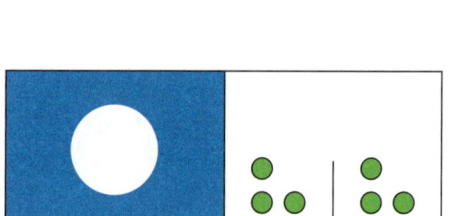

__ + __

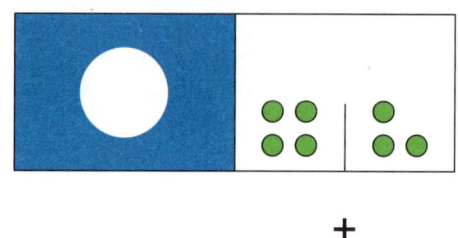

__ + __

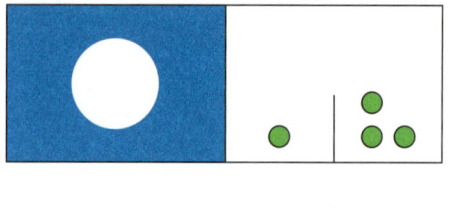

__ + __

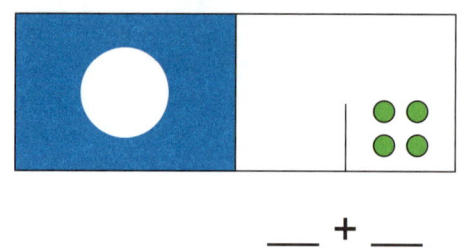

__ + __

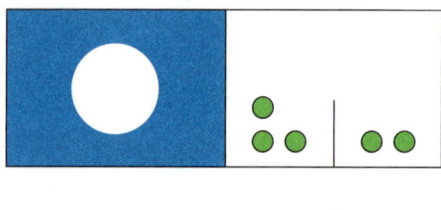

__ + __

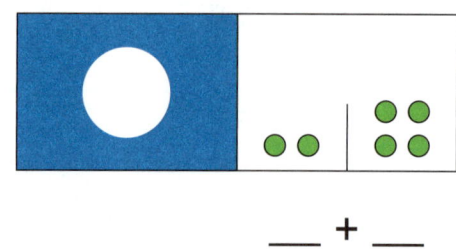

__ + __

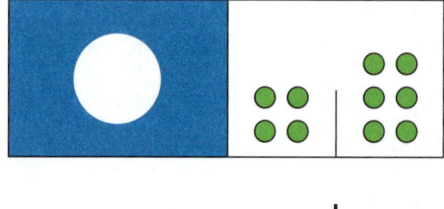

__ + __

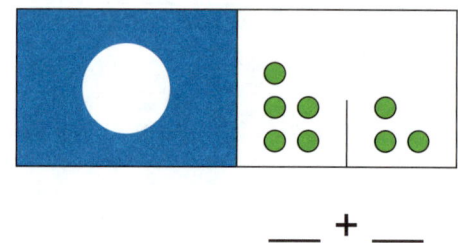

__ + __

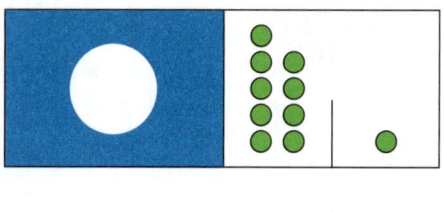

__ + __

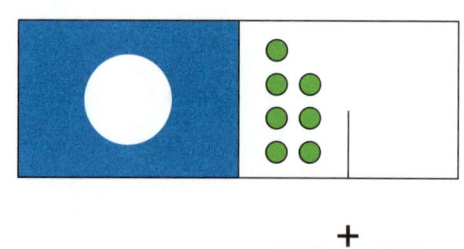

__ + __

Fredo 1 Mathematik – Förderheft © 2018 Cornelsen Verlag GmbH, Berlin

Zerlegungen

1 Immer 4

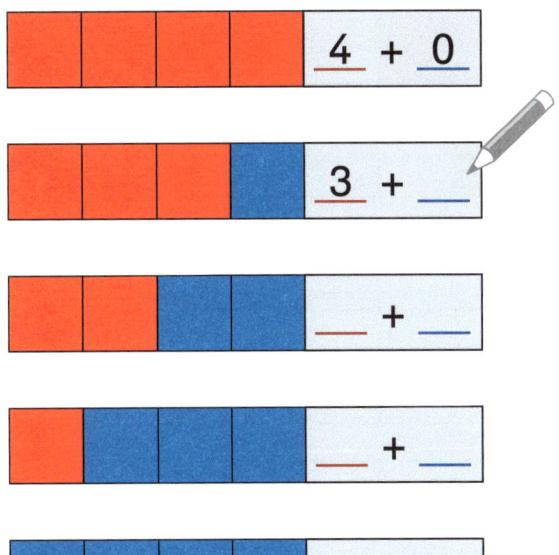

4 + 0

3 + __

__ + __

__ + __

__ + __

2 Immer 5

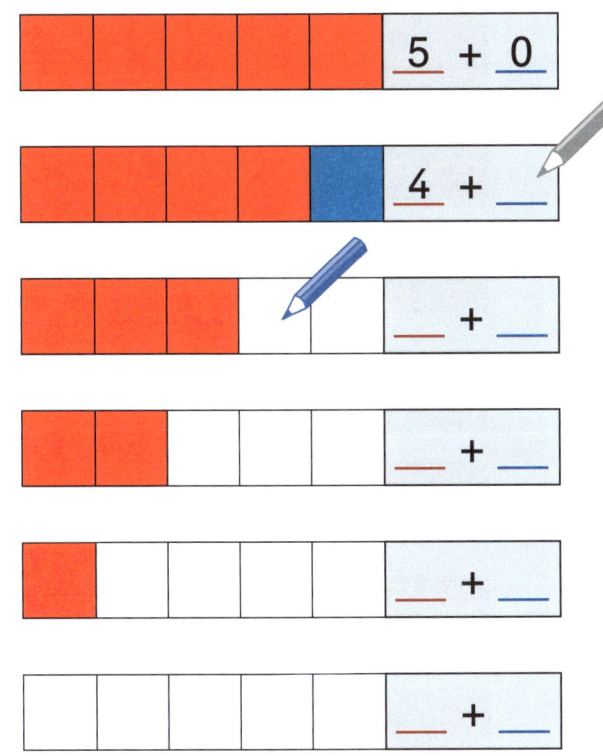

5 + 0

4 + __

__ + __

__ + __

__ + __

__ + __

3 Immer 6

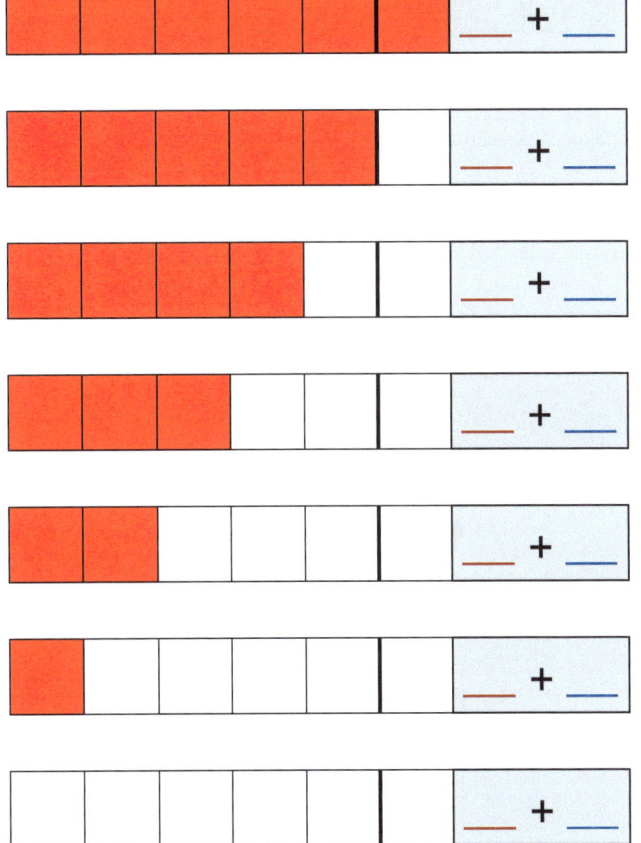

__ + __

__ + __

__ + __

__ + __

__ + __

__ + __

__ + __

Fredo 1 Mathematik – Förderheft © 2018 Cornelsen Verlag GmbH, Berlin

1 Immer 10

2 Immer 3: Male und schreibe die Aufgaben.

Fredo 1 Mathematik – Förderheft © 2018 Cornelsen Verlag GmbH, Berlin

Flächenformen

das Rechteck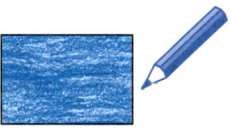

der Kreis

das Quadrat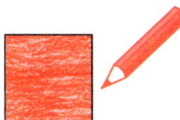

das Dreieck

Fredo 1 Mathematik – Förderheft © 2018 Cornelsen Verlag GmbH, Berlin

Dreibild-Geschichten

Es wird mehr. Schreibe die Plusaufgabe.

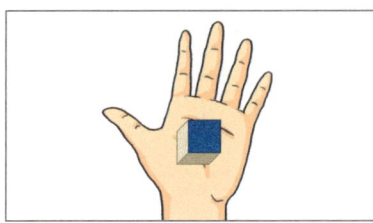
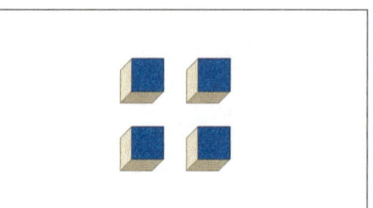

_3_   (+) _1_   = ___

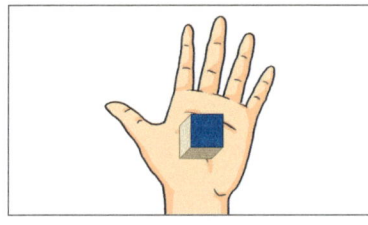
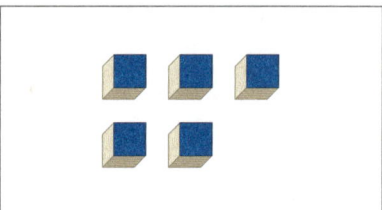

__   (+) __   = __

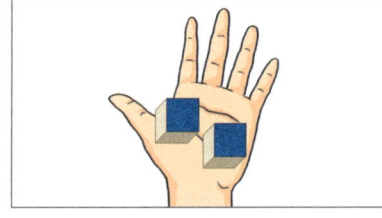
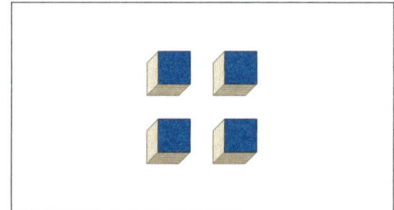

__   (+) __   = __

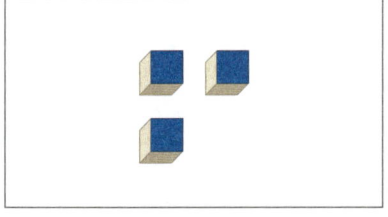
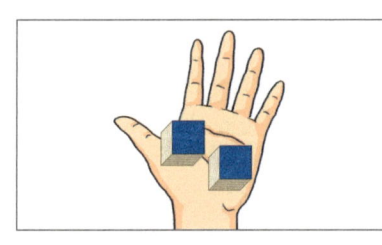
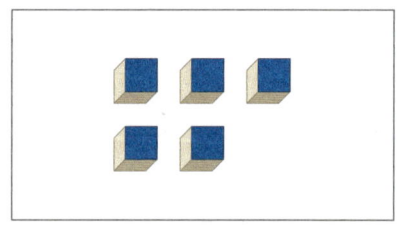

__   (+) __   = __

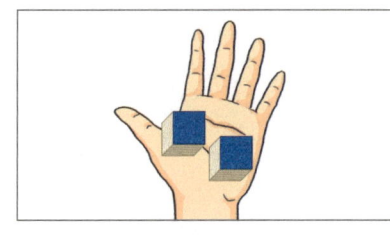
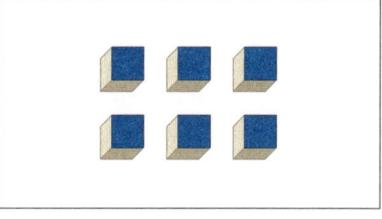

__   (+) __   = __

Fredo 1 Mathematik – Förderheft © 2018 Cornelsen Verlag GmbH, Berlin

Dreibild-Geschichten

Es wird weniger. Schreibe die Minusaufgabe.

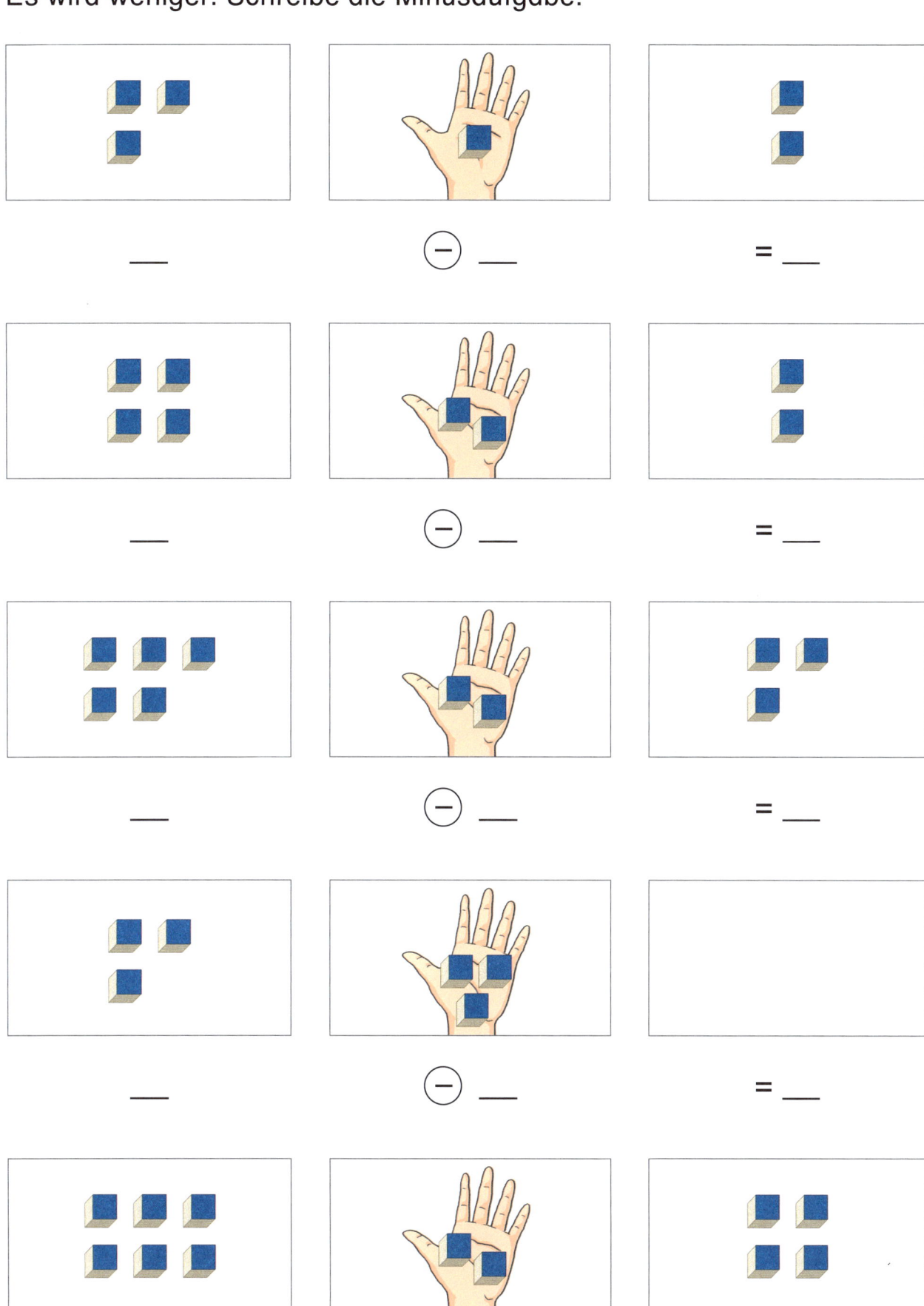

___   ⊖ ___   = ___

___   ⊖ ___   = ___

___   ⊖ ___   = ___

___   ⊖ ___   = ___

___   ⊖ ___   = ___

Dreibild-Geschichten

Mehr oder weniger? Schreibe die Plus- oder Minusaufgabe.

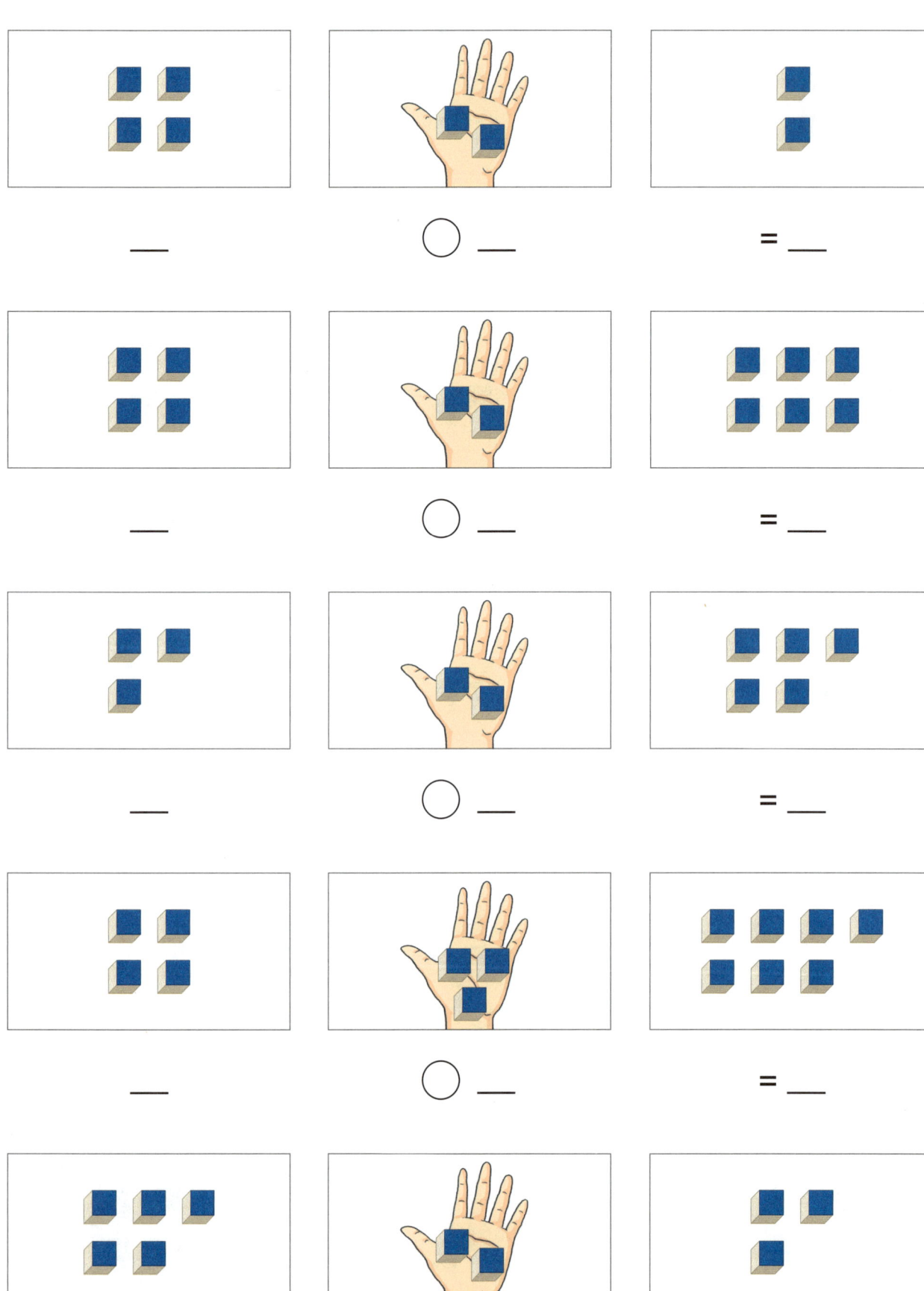

Fredo 1 Mathematik – Förderheft © 2018 Cornelsen Verlag GmbH, Berlin

Welche Aufgabe passt? Verbinde.

| 4 + 1 = __ | 3 + 2 = __ | 2 + 2 = __ |

| 2 + 5 = __ | 3 + 3 = __ | 4 + 2 = __ |

Auf dem Bauernhof

Welche Aufgabe passt? Verbinde.

$4 + 4 = \underline{}$ $5 + 3 = \underline{}$ $7 + 2 = \underline{}$

$5 + 1 = \underline{}$ $3 + 6 = \underline{}$ $3 + 4 = \underline{}$

Fredo 1 Mathematik – Förderheft © 2018 Cornelsen Verlag GmbH, Berlin

Schreibe die Plusaufgabe und rechne.

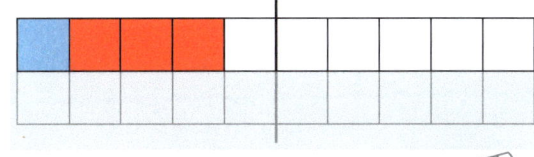

$\underline{1} + \underline{3} = \underline{}$

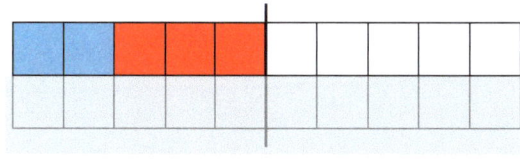

$\underline{2} + \underline{} = \underline{}$

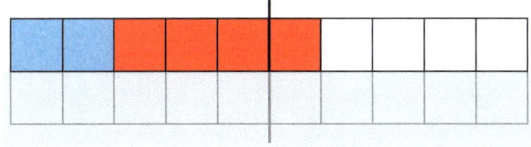

$\underline{2} + \underline{} = \underline{}$

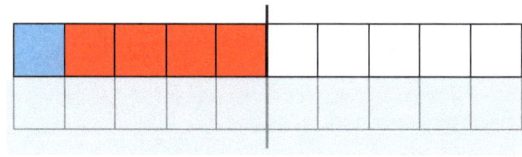

$\underline{1} + \underline{} = \underline{}$

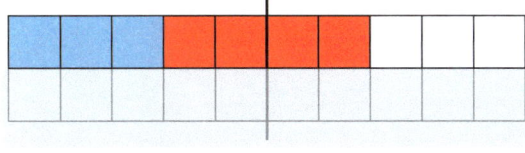

$\underline{3} + \underline{} = \underline{}$

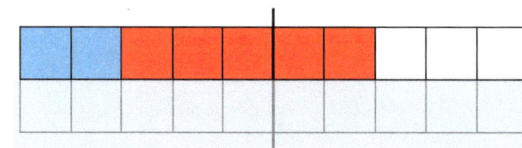

$\underline{2} + \underline{} = \underline{}$

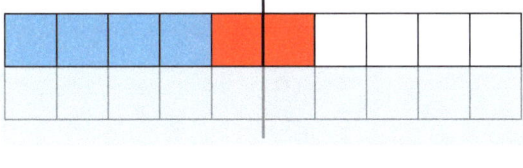

$\underline{} + \underline{} = \underline{}$

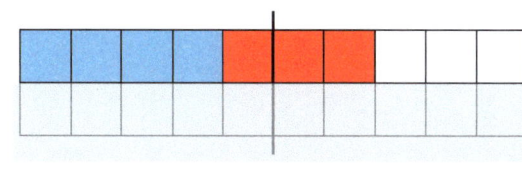

$\underline{} + \underline{} = \underline{}$

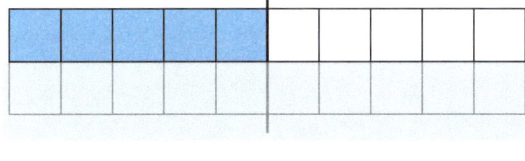

$\underline{} + \underline{} = \underline{}$

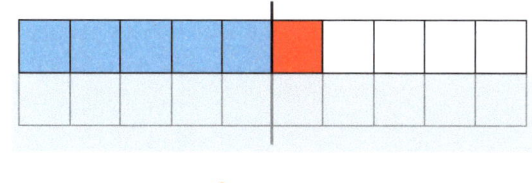

$\underline{} + \underline{} = \underline{}$

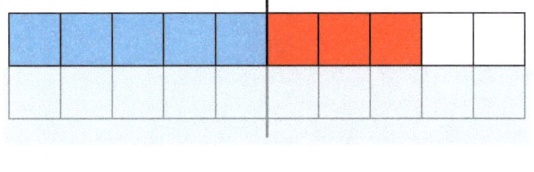

$\underline{} + \underline{} = \underline{}$

$\underline{} + \underline{} = \underline{}$

Plusaufgaben

Male und rechne.

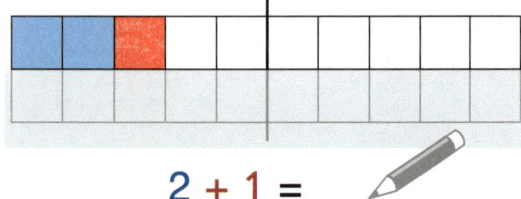

$$2 + 1 = \underline{}$$

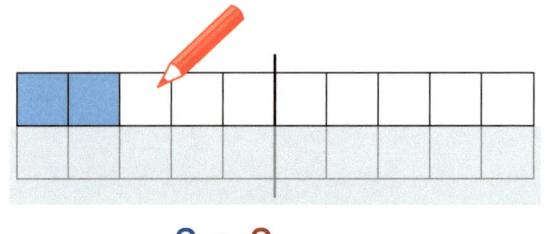

$$2 + 2 = \underline{}$$

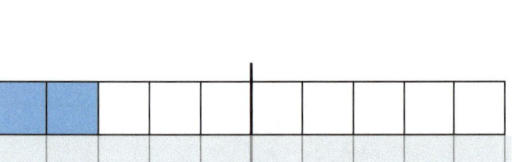

$$2 + 3 = \underline{}$$

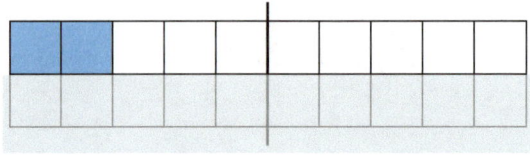

$$2 + 4 = \underline{}$$

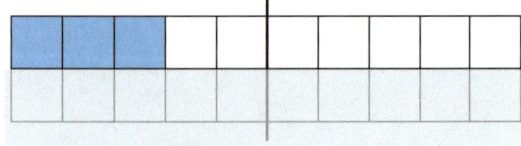

$$3 + 2 = \underline{}$$

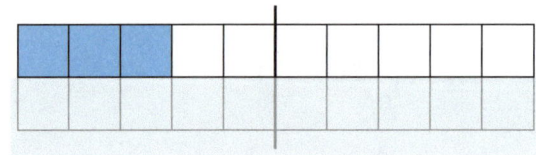

$$3 + 3 = \underline{}$$

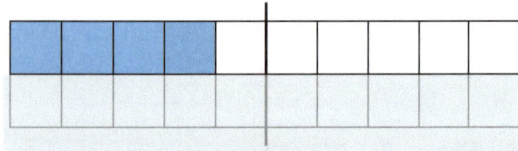

$$4 + 2 = \underline{}$$

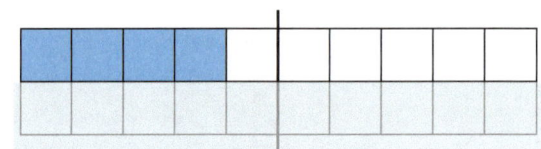

$$4 + 3 = \underline{}$$

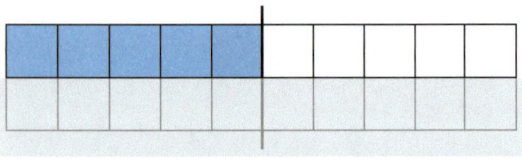

$$5 + 4 = \underline{}$$

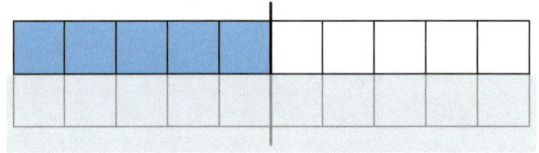

$$5 + 5 = \underline{}$$

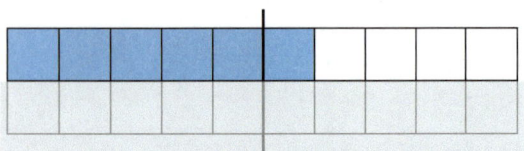

$$6 + 2 = \underline{}$$

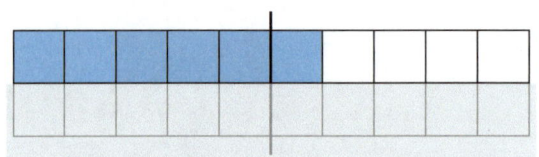

$$6 + 3 = \underline{}$$

Fredo 1 Mathematik – Förderheft © 2018 Cornelsen Verlag GmbH, Berlin

Plusaufgaben

Verwende ein großes Zwanzigerfeld. Du findest es hinten im Heft.

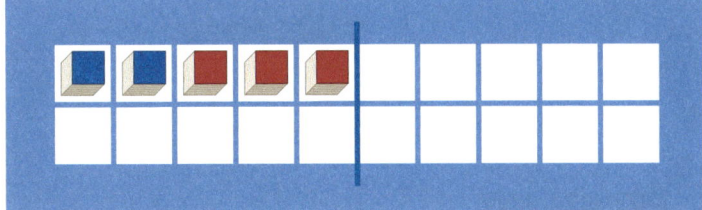

Lege und rechne.

2 + 3 = __5__	4 + 3 = ____	5 + 2 = ____
2 + 4 = ____	5 + 3 = ____	5 + 3 = ____
2 + 5 = ____	6 + 3 = ____	5 + 4 = ____
2 + 6 = ____	7 + 3 = ____	5 + 5 = ____

3 + 6 = ____	4 + 4 = ____	6 + 4 = ____
3 + 5 = ____	3 + 4 = ____	6 + 3 = ____
3 + 4 = ____	2 + 4 = ____	6 + 2 = ____
3 + 3 = ____	1 + 4 = ____	6 + 1 = ____

4 + 6 = ____	6 + 1 = ____	1 + 3 = ____
4 + 5 = ____	7 + 1 = ____	2 + 4 = ____
4 + 4 = ____	8 + 1 = ____	3 + 5 = ____
4 + 3 = ____	9 + 1 = ____	4 + 6 = ____

➡ Umschlagklappe: Zwanzigerfeld und Wendeplättchen bzw. Holzwürfel

Fredo 1 Mathematik – Förderheft © 2018 Cornelsen Verlag GmbH, Berlin

Tauschaufgaben

Schreibe Aufgabe und Tauschaufgabe. Rechne.

$$4 + 1 = \underline{}$$

$$1 + 4 = \underline{}$$

$$\underline{} + \underline{} = \underline{}$$

$$\underline{} + \underline{} = \underline{}$$

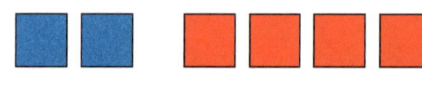

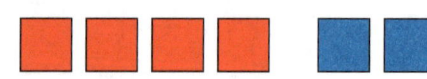

$$\underline{} + \underline{} = \underline{}$$

$$\underline{} + \underline{} = \underline{}$$

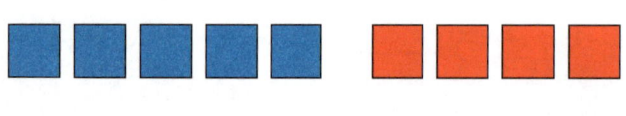

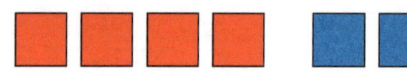

$$\underline{} + \underline{} = \underline{}$$

$$\underline{} + \underline{} = \underline{}$$

$$\underline{} + \underline{} = \underline{}$$

$$\underline{} + \underline{} = \underline{}$$

$$\underline{} + \underline{} = \underline{}$$

$$\underline{} + \underline{} = \underline{}$$

Fredo 1 Mathematik – Förderheft © 2018 Cornelsen Verlag GmbH, Berlin

Male passend an. Rechne.

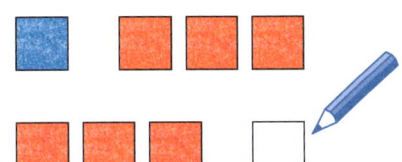

1 + 3 = __

3 + 1 = __

---

5 + 2 = __

2 + 5 = __

---

2 + 4 = __

4 + 2 = __

---

1 + 5 = __

5 + 1 = __

---

4 + 3 = __

3 + 4 = __

---

3 + 5 = __

5 + 3 = __

Minusaufgaben

Schreibe die Minusaufgabe und rechne.

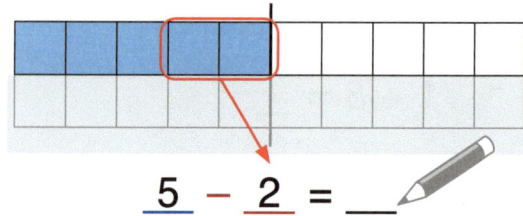

$\underline{5} - \underline{2} = \underline{}$

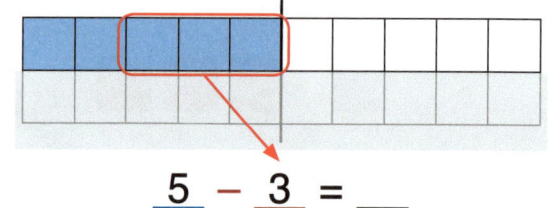

$\underline{5} - \underline{3} = \underline{}$

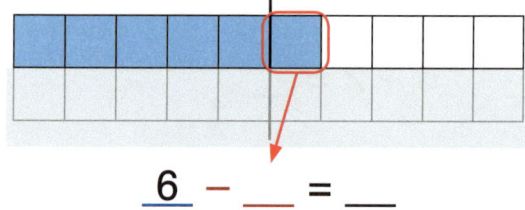

$\underline{6} - \underline{} = \underline{}$

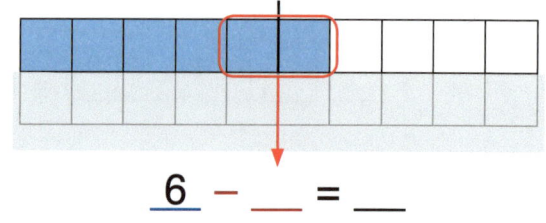

$\underline{6} - \underline{} = \underline{}$

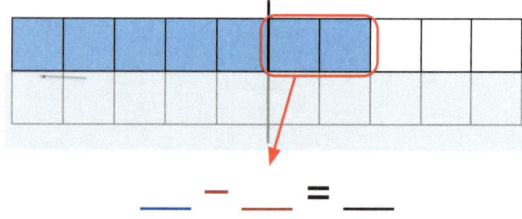

$\underline{} - \underline{} = \underline{}$

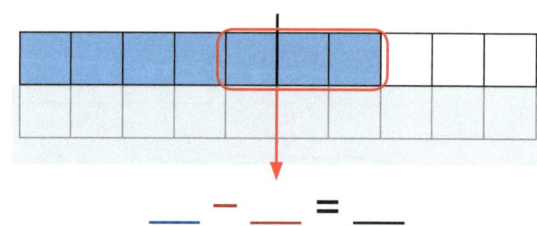

$\underline{} - \underline{} = \underline{}$

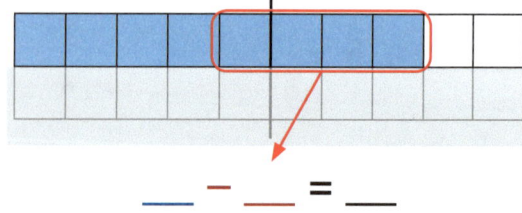

$\underline{} - \underline{} = \underline{}$

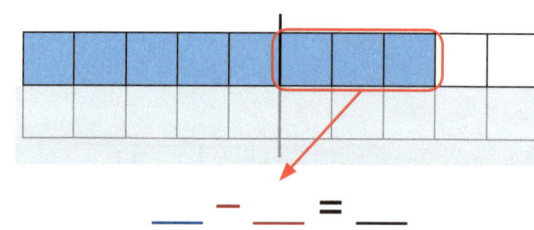

$\underline{} - \underline{} = \underline{}$

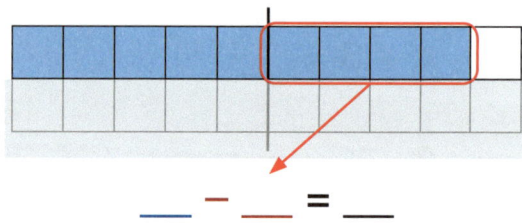

$\underline{} - \underline{} = \underline{}$

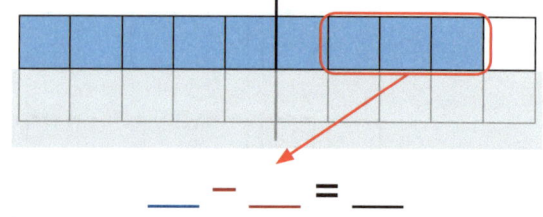

$\underline{} - \underline{} = \underline{}$

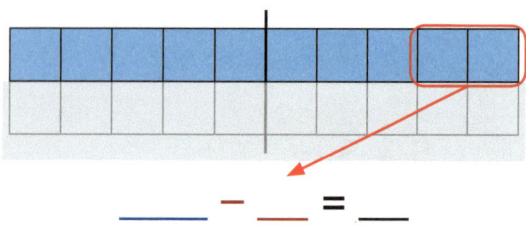

$\underline{} - \underline{} = \underline{}$

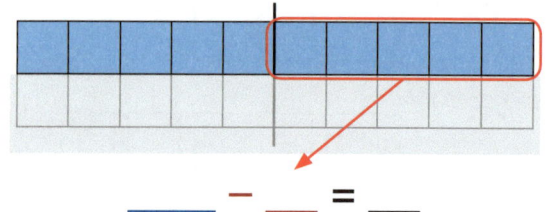

$\underline{} - \underline{} = \underline{}$

Fredo 1 Mathematik – Förderheft © 2018 Cornelsen Verlag GmbH, Berlin

Minusaufgaben

Kreise ein und rechne.

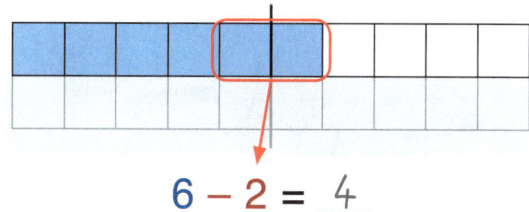

6 − 2 = __4__

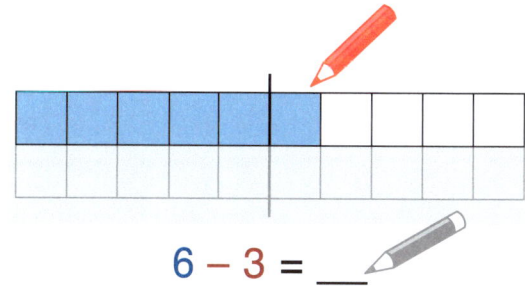

6 − 3 = ___

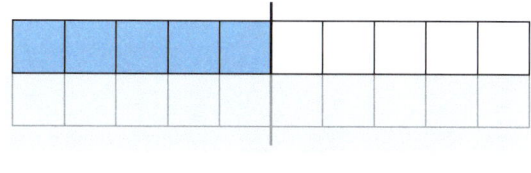

5 − 1 = ___

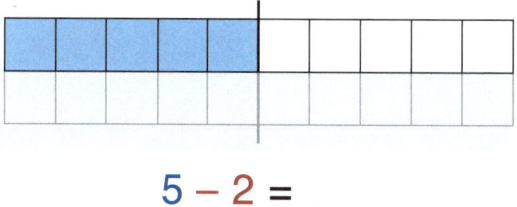

5 − 2 = ___

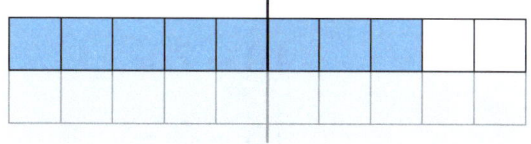

8 − 4 = ___

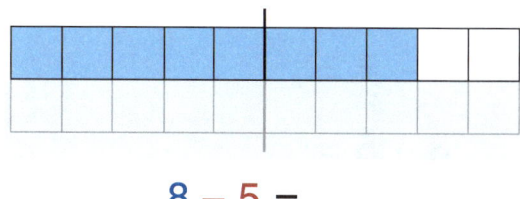

8 − 5 = ___

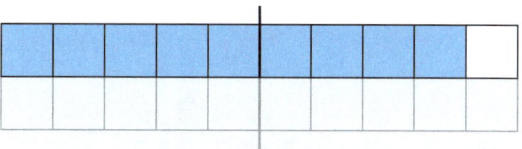

9 − 3 = ___

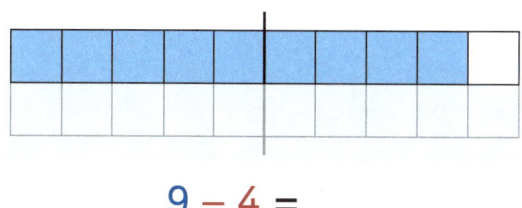

9 − 4 = ___

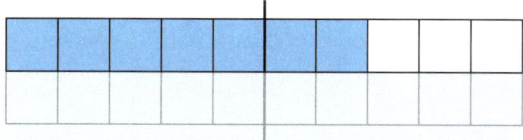

7 − 5 = ___

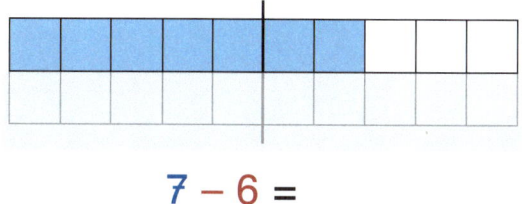

7 − 6 = ___

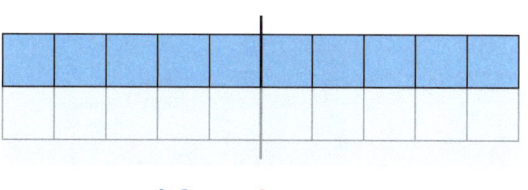

10 − 4 = ___

Fredo 1 Mathematik – Förderheft © 2018 Cornelsen Verlag GmbH, Berlin

Minusaufgaben

Verwende das große Zwanzigerfeld.

Lege und rechne.

8 − 1 = __	9 − 2 = __	10 − 4 = __
8 − 7 = __	9 − 3 = __	10 − 7 = __
8 − 5 = __	9 − 6 = __	10 − 3 = __
8 − 3 = __	9 − 4 = __	10 − 5 = __

3 − 1 = __	3 − 2 = __	4 − 3 = __
4 − 1 = __	5 − 2 = __	6 − 3 = __
2 − 1 = __	4 − 2 = __	7 − 3 = __
5 − 1 = __	2 − 2 = __	5 − 3 = __

10 − 6 = __	6 − 2 = __	9 − 5 = __
8 − 2 = __	9 − 7 = __	6 − 4 = __
9 − 1 = __	7 − 5 = __	7 − 2 = __
7 − 4 = __	5 − 4 = __	10 − 1 = __

Fredo 1 Mathematik – Förderheft © 2018 Cornelsen Verlag GmbH, Berlin

➡ Umschlagklappe: Zwanzigerfeld und Wendeplättchen bzw. Holzwürfel

Umkehraufgaben

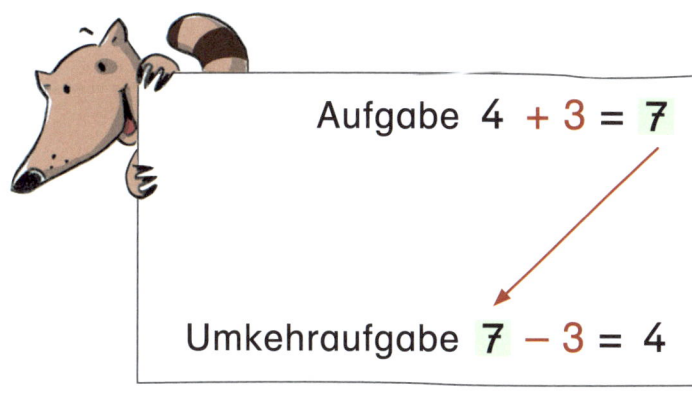

Aufgabe 4 + 3 = 7

Umkehraufgabe 7 − 3 = 4

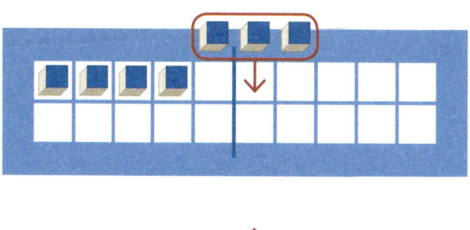

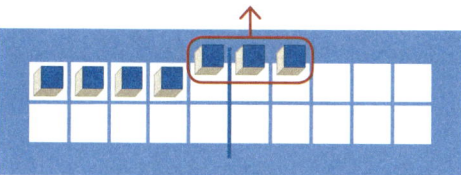

Aufgabe und Umkehraufgabe: Lege und rechne.

4 + 4 = __
__ − 4 = __

6 + 3 = __
__ − 3 = __

7 + 2 = __
__ − 2 = __

6 + 2 = __
__ − 2 = __

7 + 1 = __
__ − 1 = __

5 + 3 = __
__ − 3 = __

5 + 4 = __
__ − 4 = __

2 + 5 = __
__ − 5 = __

1 + 6 = __
__ − 6 = __

4 + 0 = __
__ − 0 = __

3 + 3 = __
__ − 3 = __

3 + 5 = __
__ − 5 = __

Fredo 1 Mathematik – Förderheft © 2018 Cornelsen Verlag GmbH, Berlin

Rechendreiecke

1

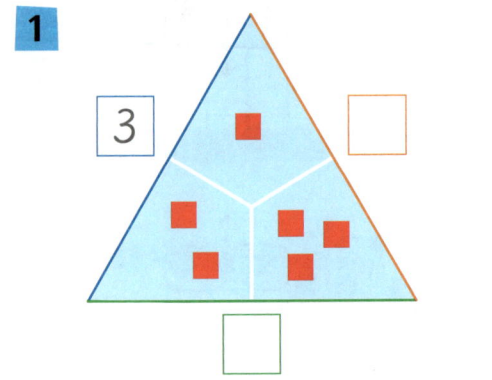 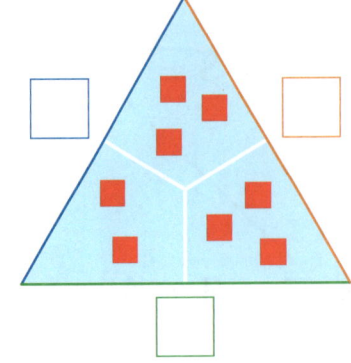 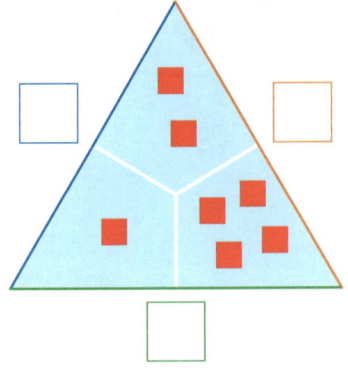

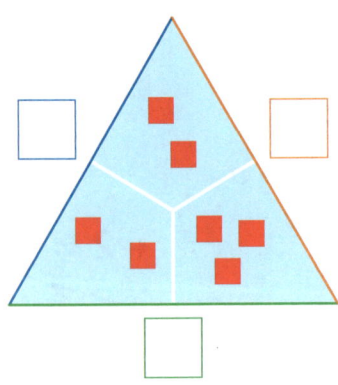 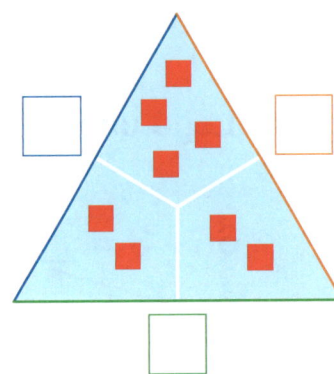 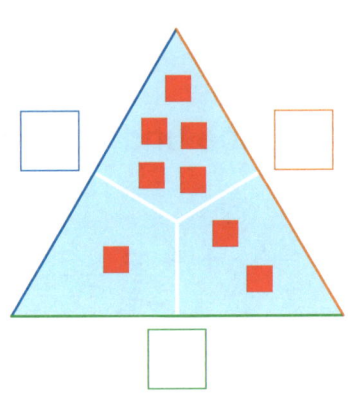

2

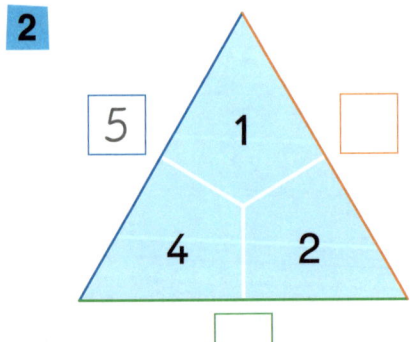 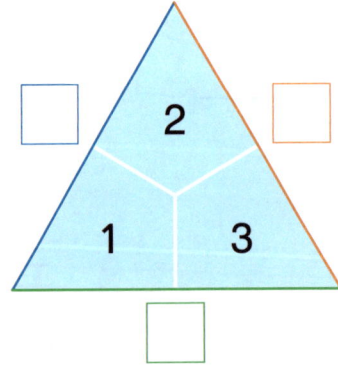 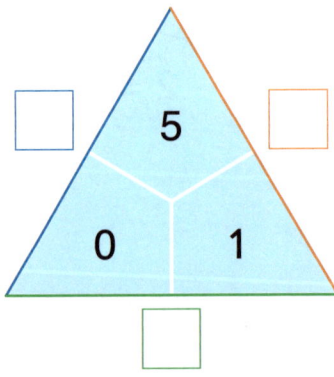

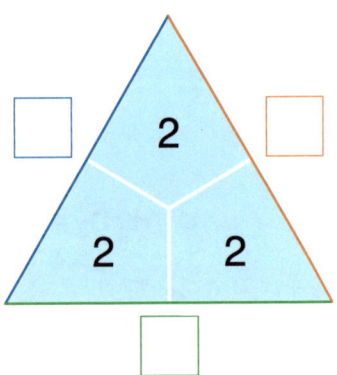 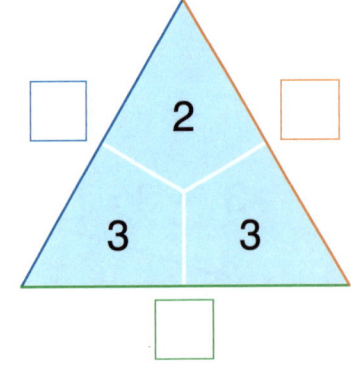 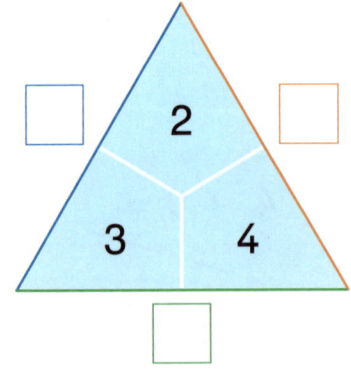

Fredo 1 Mathematik – Förderheft © 2018 Cornelsen Verlag GmbH, Berlin

Unser Geld – Cent

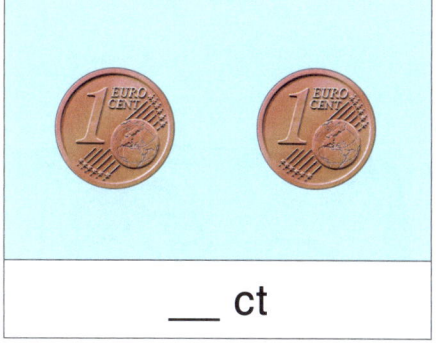 ___ ct	gleich viel wert wie	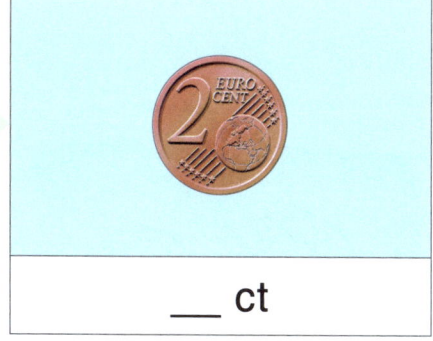 ___ ct
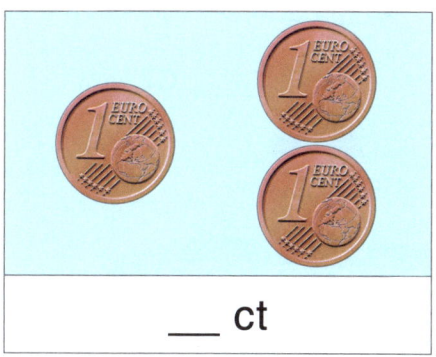 ___ ct	gleich viel wert wie	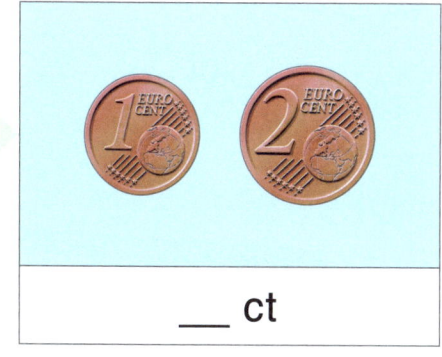 ___ ct
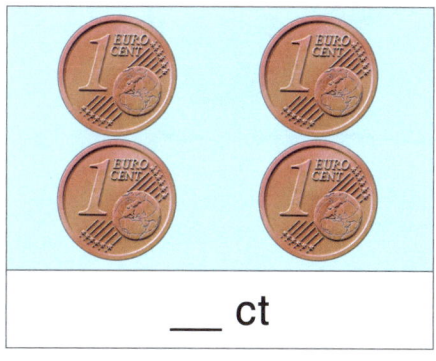 ___ ct	gleich viel wert wie	 ___ ct
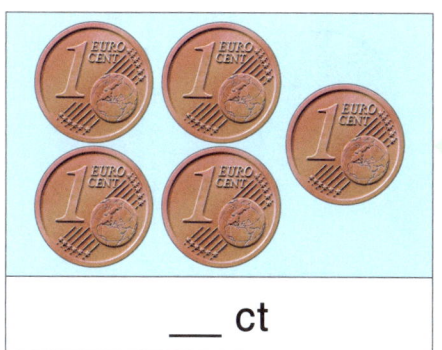 ___ ct	gleich viel wert wie	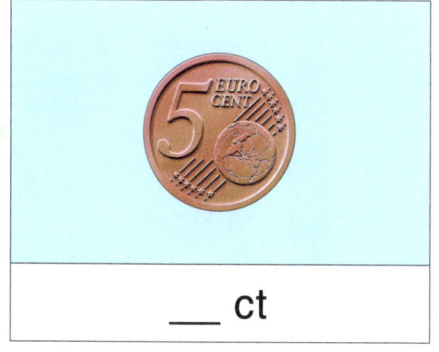 ___ ct

➡ Beilage zum Schülerbuch: Rechengeld

Unser Geld – Cent

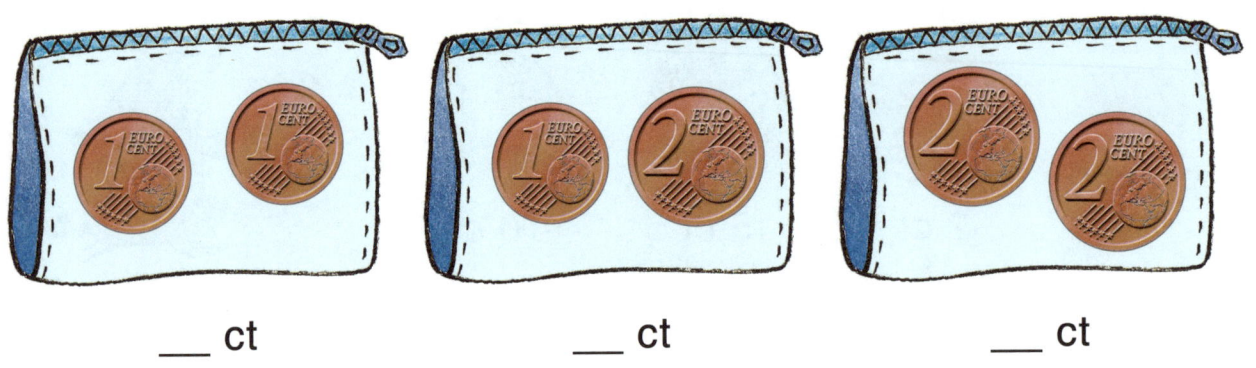

__ ct   __ ct   __ ct

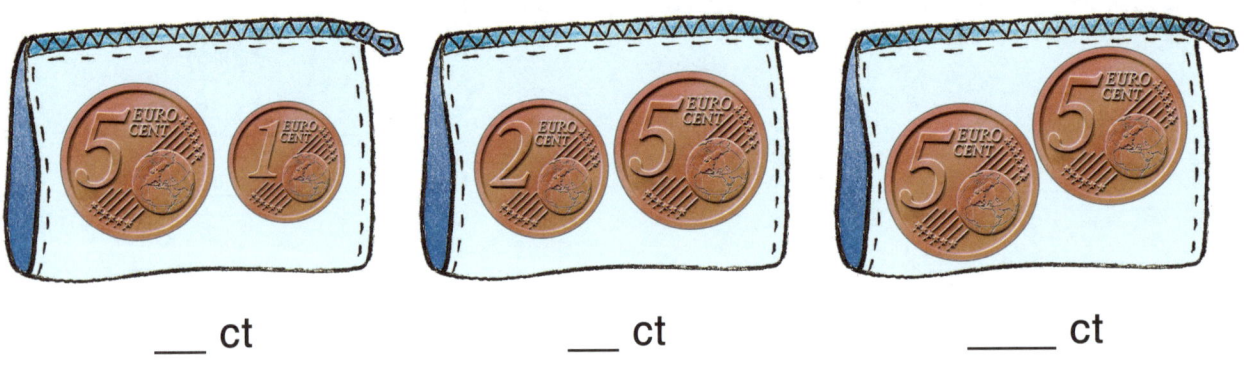

__ ct   __ ct   ___ ct

__ ct   __ ct

__ ct   __ ct

➡ Beilage zum Schülerbuch: Rechengeld

Fredo 1 Mathematik – Förderheft © 2018 Cornelsen Verlag GmbH, Berlin

Rechenmauern

Welcher Zielstein passt?

Achtung: Immer ein Zielstein bleibt übrig.

Zum Rechnen verwende ich meine Holzwürfel: 3 + 1 = 4

| 3 | 4 | 5 | 6 | 7 |

Fredo 1 Mathematik – Förderheft © 2018 Cornelsen Verlag GmbH, Berlin

➡ Umschlagklappe: Wendeplättchen bzw. Holzwürfel

Rechenmauern

Zum Rechnen verwende ich meine Holzwürfel:
4 + 1 = 5

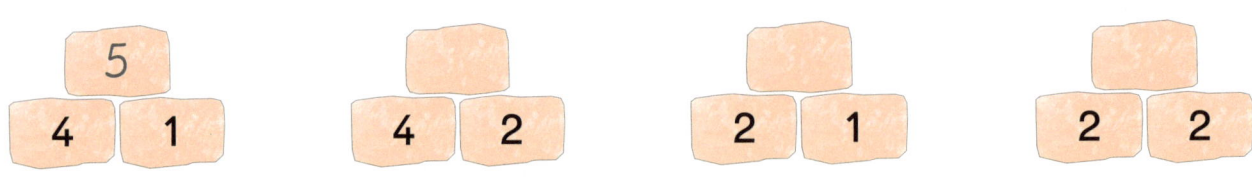

5			
4 1	4 2	2 1	2 2

3 1	3 2	5 1	5 2

6 2	7 2	8 2	10 0

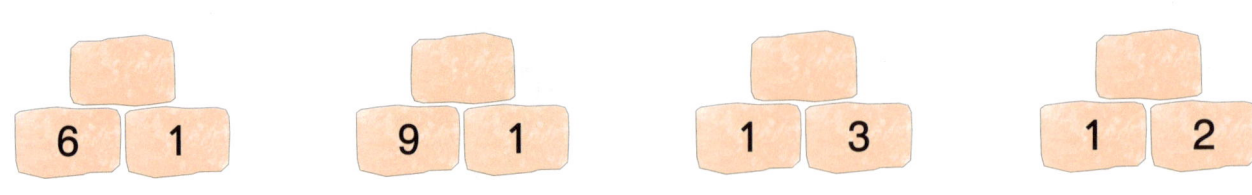

6 1	9 1	1 3	1 2

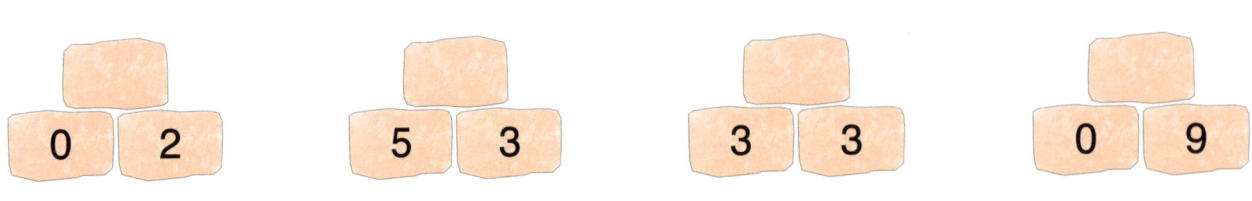

0 2	5 3	3 3	0 9

➡ Umschlagklappe: Wendeplättchen bzw. Holzwürfel

Fredo 1 Mathematik – Förderheft © 2018 Cornelsen Verlag GmbH, Berlin

3 Zahlen – 4 Aufgaben

4	2	6

4 + 2 = 6

2 + 4 =

6 – 2 =

6 – 4 =

5	1	6

5 + 1 =

1 + 5 =

6 – 1 =

6 – 5 =

3	2	5

3 + 2 =

2 + 3 =

5 – 2 =

5 – 3 =

4	5	1

4 + 1 =

1 + 4 =

5 – 1 =

5 – 4 =

5	7	2

5 + 2 =

2 + 5 =

7 – 2 =

7 – 5 =

2	8	6

2 + 6 =

6 + 2 =

8 – 2 =

8 – 6 =

6	1	7

6 +   =

1 +   =

7 –   =

7 –   =

3	5	8

3 +   =

5 +   =

8 –   =

8 –   =

3	4	1

3 +   =

1 +   =

4 –   =

4 –   =

Fredo 1 Mathematik – Förderheft © 2018 Cornelsen Verlag GmbH, Berlin

Ergänzungsaufgaben

1 Male an und ergänze die fehlende Zahl.

$7 + \underline{0} = 7$

$6 + \underline{} = 7$

$5 + \underline{} = 7$

$4 + \underline{} = 7$

$3 + \underline{} = 7$

$2 + \underline{} = 7$

$1 + \underline{} = 7$

$0 + \underline{} = 7$

2 Male an und ergänze die fehlende Zahl.

$5 + \underline{} = 8$

$6 + \underline{} = 10$

$3 + \underline{} = 6$

$4 + \underline{} = 8$

$6 + \underline{} = 9$

$1 + \underline{} = 6$

$3 + \underline{} = 10$

Fredo 1 Mathematik – Förderheft © 2018 Cornelsen Verlag GmbH, Berlin

Rechengeschichten

Plus oder minus?
Schreibe die passende Rechnung.

<u>3</u> $\bigoplus$ <u>3</u>   = __

__ $\bigcirc$ __   = __

__ $\bigcirc$ __   = __

__ $\bigcirc$ __   = __

Fredo 1 Mathematik – Förderheft © 2018 Cornelsen Verlag GmbH, Berlin

Plus oder minus? Schreibe die passende Rechnung.

__  __ = __

__ 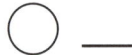 __ = __

__ 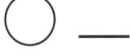 __ = __

__  __ = __

Fredo 1 Mathematik – Förderheft © 2018 Cornelsen Verlag GmbH, Berlin

Zahlen bis 20

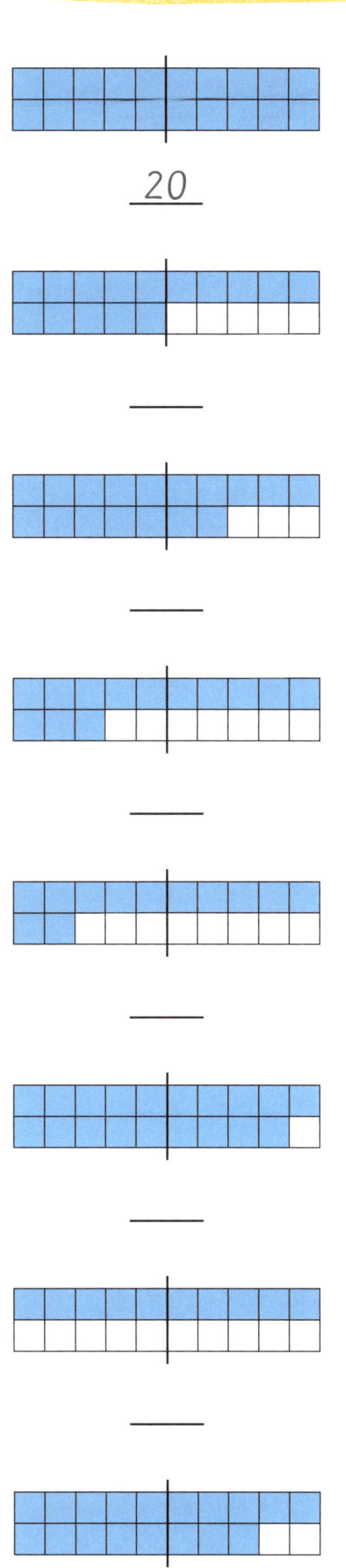

_20_

_____

_____

_____

_____

_____

_____

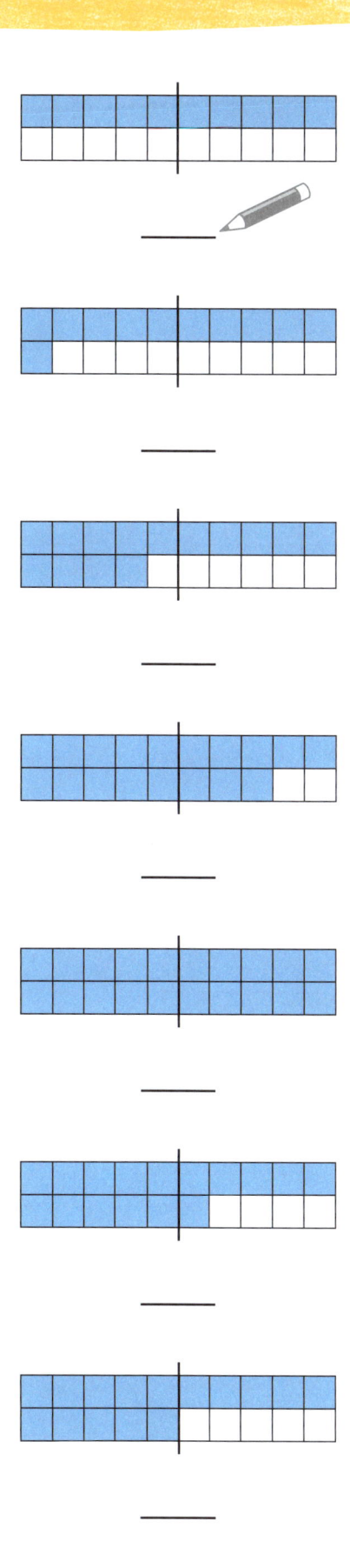

_____

_____

_____

_____

_____

_____

Fredo 1 Mathematik – Förderheft © 2018 Cornelsen Verlag GmbH, Berlin

1	0	1

$\underline{\quad10\quad} + \underline{\quad1\quad} = \underline{\quad\quad}$

1	0	2

___ + __ = ___

1	0	3

___ + __ = ___

1	0	4

___ + __ = ___

1	0	5

___ + __ = ___

1	0	6

___ + __ = ___

1	0	7

___ + __ = ___

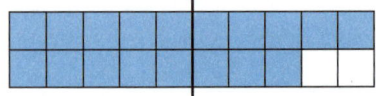

1	0	8

___ + __ = ___

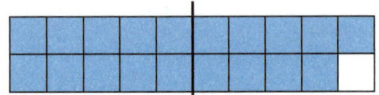

1	0	9

___ + __ = ___

1 Z + 1 Z = 2 Z

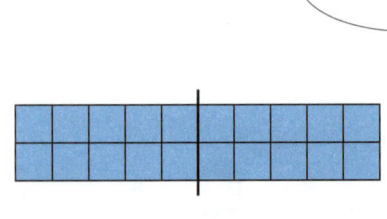

___ + ___ = ___

| 1 | 0 | | 1 | 0 |

| | 2 | 0 |

➡ Beilage zum Schülerbuch: Seguin-Karten

Fredo 1 Mathematik – Förderheft © 2018 Cornelsen Verlag GmbH, Berlin

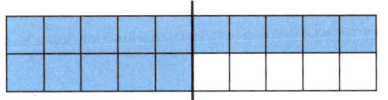

	1 5	$\underline{15} = \underline{10} + \underline{}$
	1 2	$\underline{} = \underline{} + \underline{}$
	1 8	$\underline{} = \underline{} + \underline{}$
	1 4	$\underline{} = \underline{} + \underline{}$
	1 1	$\underline{} = \underline{} + \underline{}$
	1 9	$\underline{} = \underline{} + \underline{}$
	1 3	$\underline{} = \underline{} + \underline{}$
	1 7	$\underline{} = \underline{} + \underline{}$
	1 6	$\underline{} = \underline{} + \underline{}$

2 Z = 1 Z + 1 Z

1 0	1 0

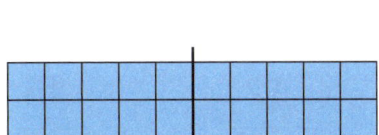

	2 0	$\underline{} = \underline{} + \underline{}$

Fredo 1 Mathematik – Förderheft © 2018 Cornelsen Verlag GmbH, Berlin

➡ Beilage zum Schülerbuch: Seguin-Karten

1	2	3	4	5	6	7	8	9	10
11	12	13	14	15	16	17	18	19	20

1 Trage die fehlenden Zahlen ein.

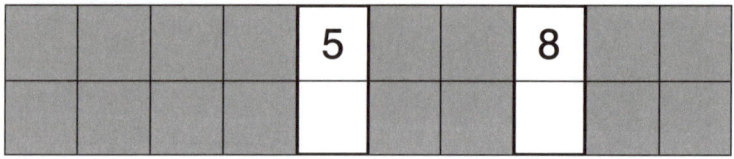

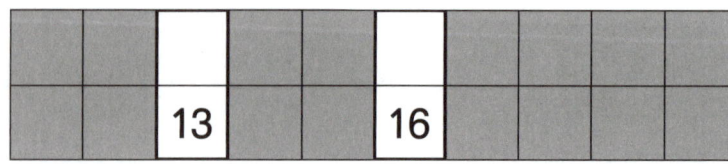

2 Trage die fehlende Zahl ein.

2	5	7	1	4	9

16	13	20	18	12	15

Fredo 1 Mathematik – Förderheft © 2018 Cornelsen Verlag GmbH, Berlin

Nachbarzahlen

1 Wie heißt die größere Nachbarzahl?

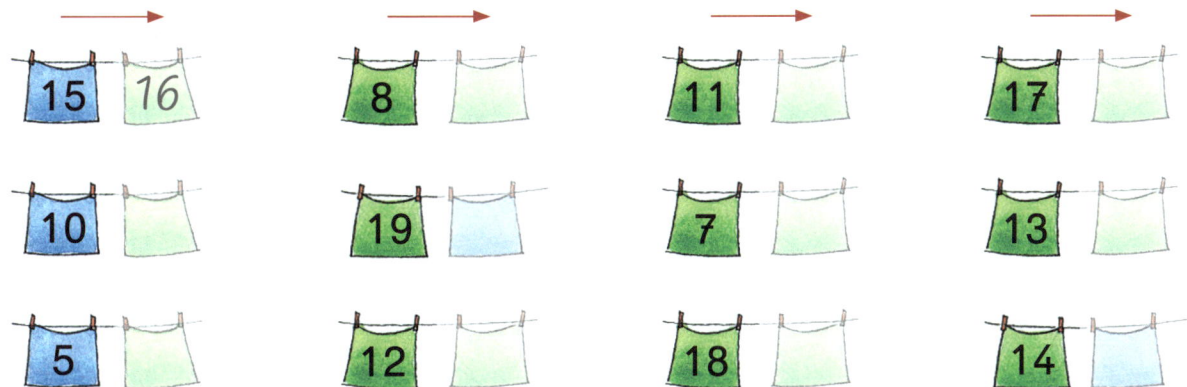

2 Wie heißt die kleinere Nachbarzahl?

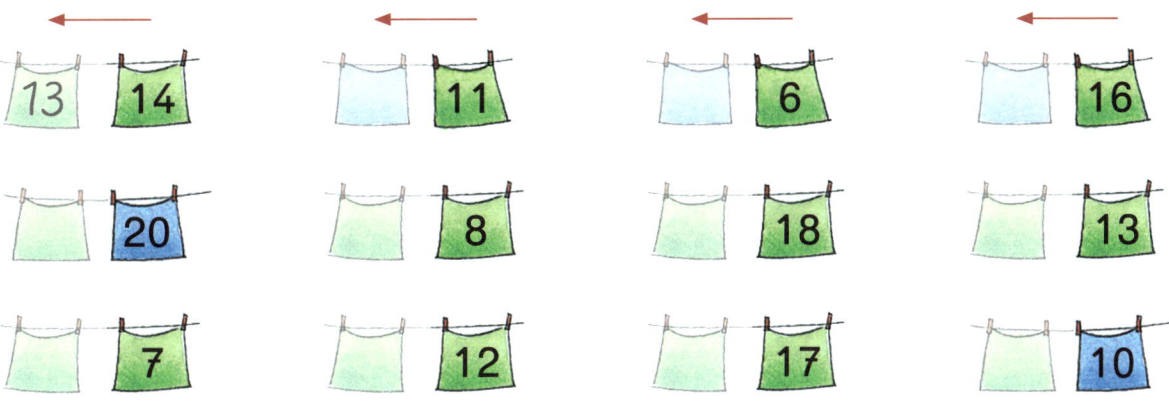

3 Wie heißen die Nachbarzahlen?

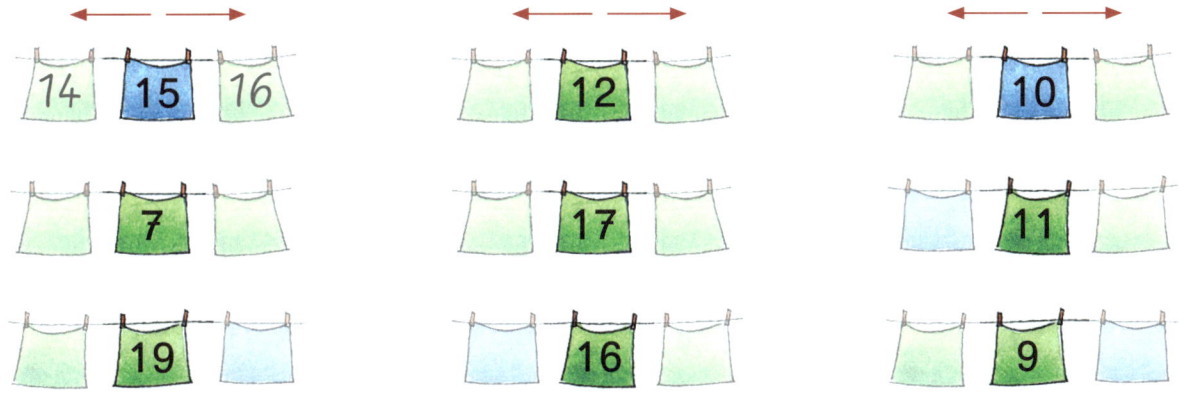

Fredo 1 Mathematik – Förderheft © 2018 Cornelsen Verlag GmbH, Berlin

1 Wie geht es weiter?

$\longrightarrow$

| 7 | 8 | | |

| 16 | | | |

| 14 | | | |

$\longrightarrow$

| 9 | | | |

| 10 | | | |

| 12 | | | |

2 Wie geht es zurück?

$\longleftarrow$

| | | 19 | 20 |

| | | | 13 |

| | | | 11 |

$\longleftarrow$

| | | | 15 |

| | | | 18 |

| | | | 7 |

3 Vervollständige die Zahlenreihe.

| | | 15 | |

| | 9 | | |

| | | 11 | |

| | 12 | | |

| | 17 | | |

| | | 19 | |

Fredo 1 Mathematik – Förderheft © 2018 Cornelsen Verlag GmbH, Berlin

 4 + 3 = _7_

14 + 3 = _____

4 + 4 = _____

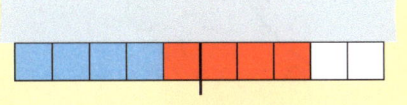 14 + 4 = _____

2 + 2 = _____

12 + 2 = _____

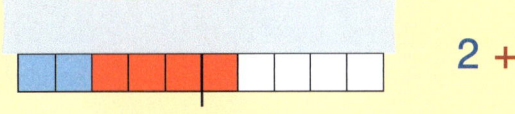 2 + 4 = _____

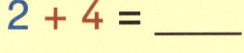 12 + 4 = _____

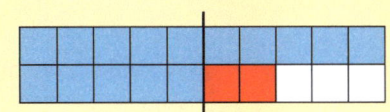 5 + 2 = _____

15 + 2 = _____

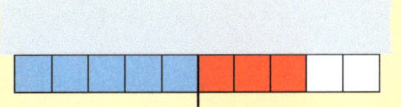 5 + 3 = _____

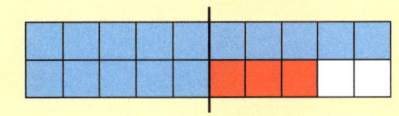 15 + 3 = _____

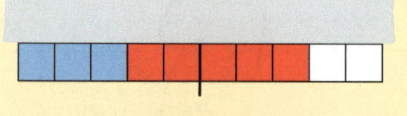

$\underline{3} + \underline{3} = \underline{}$

$13 + 3 = \underline{}$

$\underline{} + \underline{} = \underline{}$

$13 + 5 = \underline{}$

$\underline{} + \underline{} = \underline{}$

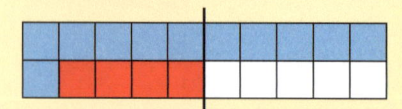

$11 + 4 = \underline{}$

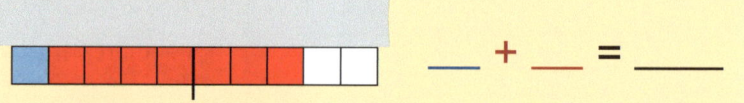

$\underline{} + \underline{} = \underline{}$

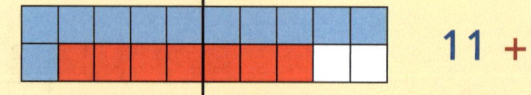

$11 + 7 = \underline{}$

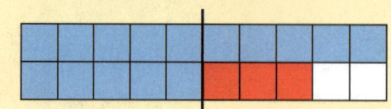

$\underline{} + \underline{} = \underline{}$

$15 + 3 = \underline{}$

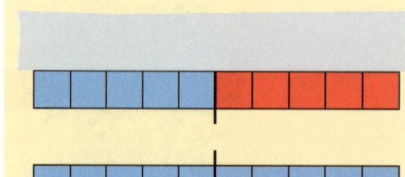

$\underline{} + \underline{} = \underline{}$

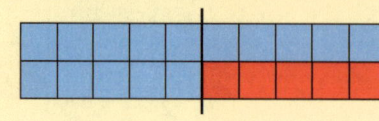

$15 + 5 = \underline{}$

Fredo 1 Mathematik – Förderheft © 2018 Cornelsen Verlag GmbH, Berlin

Lege mit den Zahlenkarten und rechne.

4 + 3 = 7

1 4 + 3 = ▢▢

5 + 2 = ▢

1 5 + 2 = ▢▢

5 + 3 = ▢

1 5 + 3 = ▢▢

2 + 4 = ▢

1 2 + 4 = ▢▢

2 + 6 = ▢

1 2 + 6 = ▢▢

5 + 4 = ▢

1 5 + 4 = ▢▢

3 + 4 = ▢

1 3 + 4 = ▢▢

6 + 3 = ▢

1 6 + 3 = ▢▢

1 + 5 = ▢

1 1 + 5 = ▢▢

7 + 2 = ▢

1 7 + 2 = ▢▢

8 + 1 = ▢

1 8 + 1 = ▢▢

3 + 5 = ▢

1 3 + 5 = ▢▢

Fredo 1 Mathematik – Förderheft © 2018 Cornelsen Verlag GmbH, Berlin

➡ Beilage zum Schülerbuch: Seguin-Karten

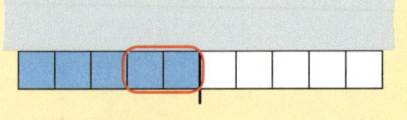

$5 - 2 = \underline{3}$

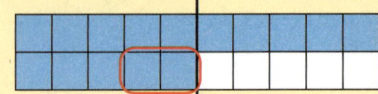

$15 - 2 = \underline{}$

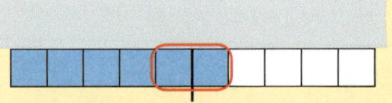

$6 - 2 = \underline{}$

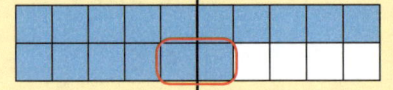

$16 - 2 = \underline{}$

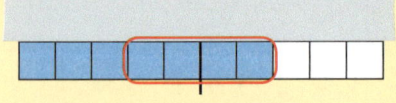

$7 - 4 = \underline{}$

$17 - 4 = \underline{}$

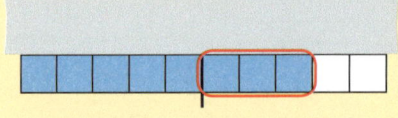

$8 - 3 = \underline{}$

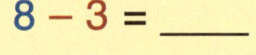

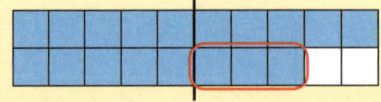

$18 - 3 = \underline{}$

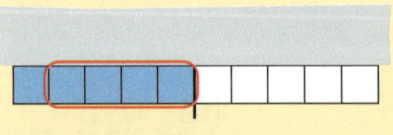

$5 - 4 = \underline{}$

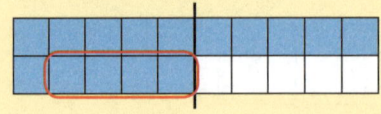

$15 - 4 = \underline{}$

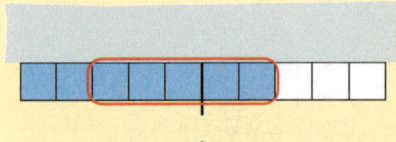

$7 - 5 = \underline{}$

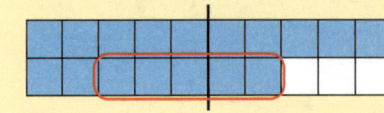

$17 - 5 = \underline{}$

Fredo 1 Mathematik – Förderheft © 2018 Cornelsen Verlag GmbH, Berlin

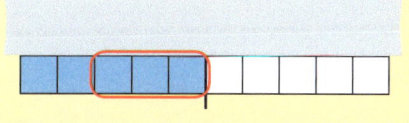 $\underline{5} - \underline{3} = \underline{}$

$15 - 3 = \underline{}$

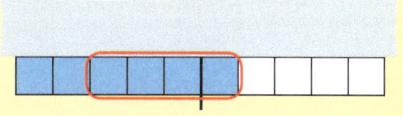 $\underline{} - \underline{} = \underline{}$

$16 - 4 = \underline{}$

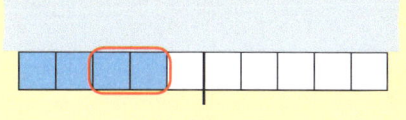 $\underline{} - \underline{} = \underline{}$

$14 - 2 = \underline{}$

 $\underline{} - \underline{} = \underline{}$

$17 - 3 = \underline{}$

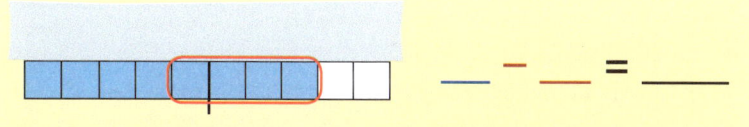 $\underline{} - \underline{} = \underline{}$

$18 - 4 = \underline{}$

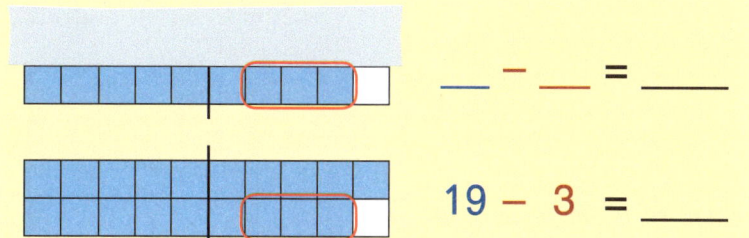 $\underline{} - \underline{} = \underline{}$

$19 - 3 = \underline{}$

Fredo 1 Mathematik – Förderheft © 2018 Cornelsen Verlag GmbH, Berlin

Verwandte Aufgaben ⊖

Lege mit den Zahlenkarten und rechne.

5 − 2 = 3

1 5 − 2 = ☐☐ ✏

5 − 4 = ☐

1 5 − 4 = ☐☐

7 − 3 = ☐

1 7 − 3 = ☐☐

7 − 4 = ☐

1 7 − 4 = ☐☐

6 − 3 = ☐

1 6 − 3 = ☐☐

6 − 4 = ☐

1 6 − 4 = ☐☐

8 − 4 = ☐

1 8 − 4 = ☐☐

8 − 5 = ☐

1 8 − 5 = ☐☐

9 − 2 = ☐

1 9 − 2 = ☐☐

9 − 3 = ☐

1 9 − 3 = ☐☐

4 − 2 = ☐

1 4 − 2 = ☐☐

4 − 3 = ☐

1 4 − 3 = ☐☐

➡ Beilage zum Schülerbuch: Seguin-Karten

Fredo 1 Mathematik – Förderheft © 2018 Cornelsen Verlag GmbH, Berlin

Unser Geld – Euro

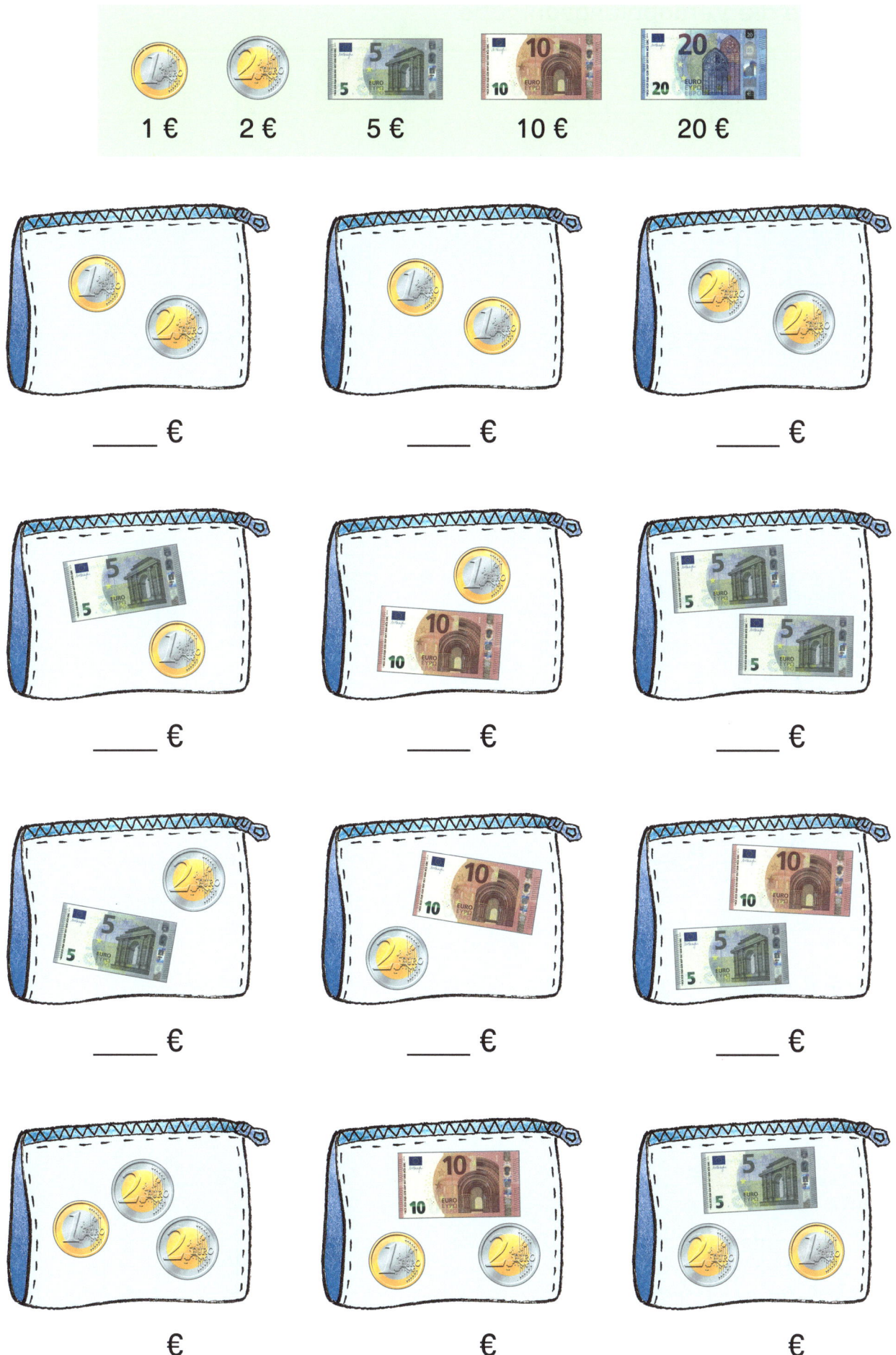

1 €   2 €   5 €   10 €   20 €

_____ €   _____ €   _____ €

_____ €   _____ €   _____ €

_____ €   _____ €   _____ €

_____ €   _____ €   _____ €

➡ Beilage zum Schülerbuch: Rechengeld

Verdoppeln

1 Löse die Verdopplungsaufgabe.

1 + _1_ = _____

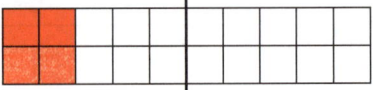

2 + __ = _____

3 + __ = _____

4 + __ = _____

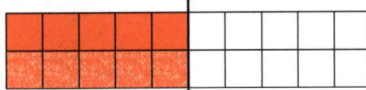

5 + __ = _____

6 + __ = _____

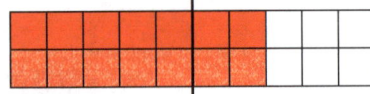

7 + __ = _____

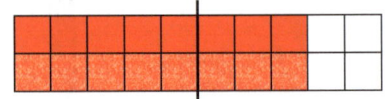

8 + __ = _____

9 + __ = _____

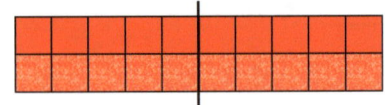

10 + ____ = ____

2 Verdopple. Male und rechne.

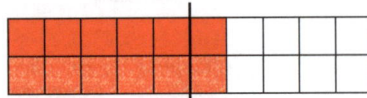

6 + __ = _____

3 + __ = _____

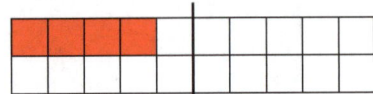

4 + __ = _____

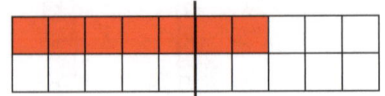

7 + __ = _____

Fredo 1 Mathematik – Förderheft © 2018 Cornelsen Verlag GmbH, Berlin

Nachbaraufgaben

Verdopplungs-aufgaben

4 + 4 = _____

4 + 5 = _____

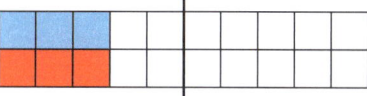

3 + 3 = _____

3 + 4 = _____

6 + 6 = _____

6 + 7 = _____

7 + 7 = _____

7 + 8 = _____

2 + 2 = _____

2 + 3 = _____

Nachbaraufgaben

1 Löse die `Verdopplungsaufgabe` und schreibe die Nachbaraufgabe.

$3 + 3 =$ ___6___

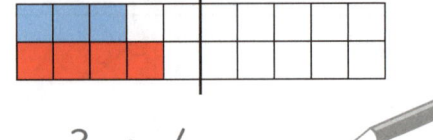

___3___ $+$ ___4___ $=$ _____

$5 + 5 =$ _____

__ $+$ __ $=$ _____

$4 + 4 =$ _____

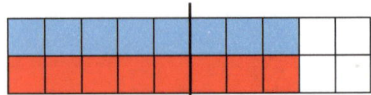

__ $+$ __ $=$ _____

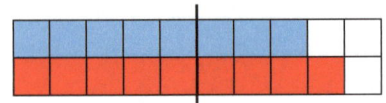

$8 + 8 =$ _____

__ $+$ __ $=$ _____

2 `Verdopplungsaufgabe` und Nachbaraufgabe: Rechne.

$1 + 1 =$ _____	$1 + 2 =$ _____	$4 + 4 =$ _____	$4 + 5 =$ _____
$2 + 2 =$ _____	$2 + 3 =$ _____	$5 + 5 =$ _____	$5 + 6 =$ _____
$3 + 3 =$ _____	$3 + 4 =$ _____	$6 + 6 =$ _____	$6 + 7 =$ _____

Fredo 1 Mathematik – Förderheft © 2018 Cornelsen Verlag GmbH, Berlin

1 Ergänze zur 10.

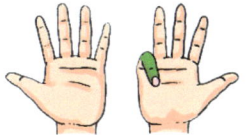 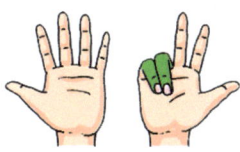 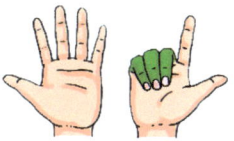

9 + _1_ = 10   8 + ___ = 10   7 + ___ = 10

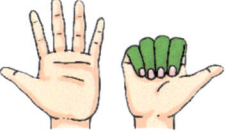 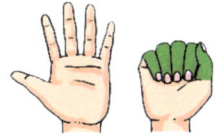 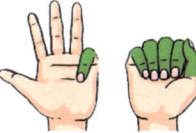

6 + ___ = 10   5 + ___ = 10   4 + ___ = 10

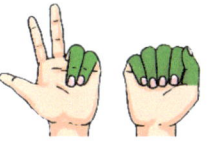  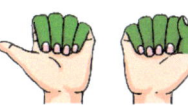

3 + ___ = 10   2 + ___ = 10   1 + ___ = 10

2 Schreibe die Partneraufgaben auf.

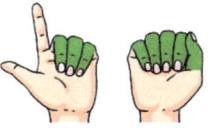 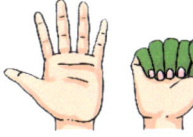 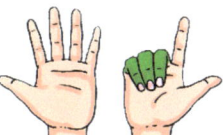

___ + ___ = 10   ___ + ___ = 10   ___ + ___ = 10

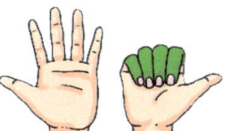  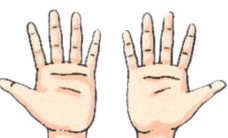

___ + ___ = 10   ___ + ___ = 10   ___ + ___ = 10

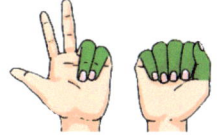 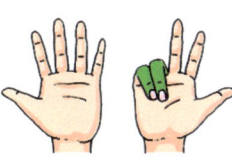 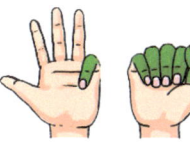

___ + ___ = 10   ___ + ___ = 10   ___ + ___ = 10

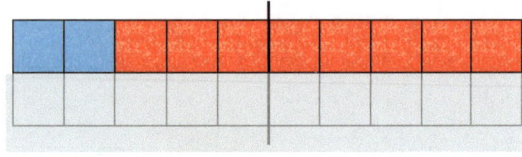

2 + _8_ = 10

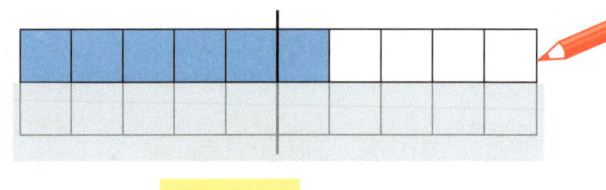

6 + __ = 10

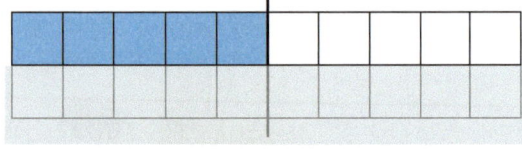

5 + __ = 10

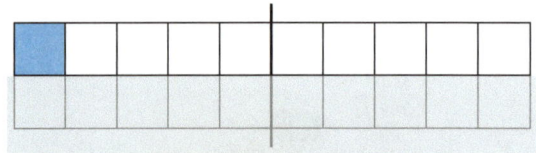

1 + __ = 10

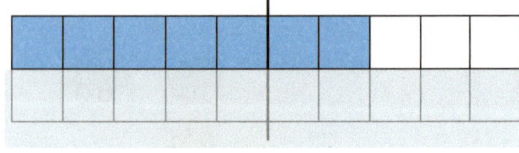

7 + __ = 10

4 + __ = 10

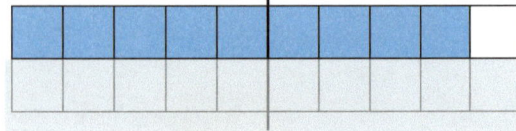

9 + __ = 10

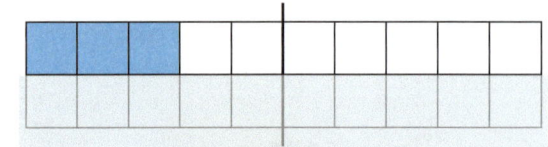

3 + __ = 10

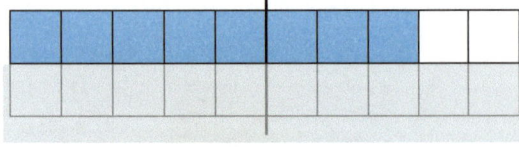

8 + __ = 10

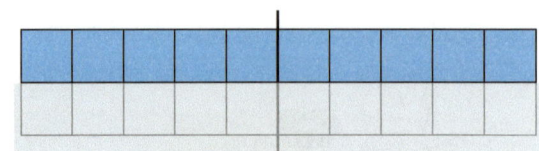

10 + __ = 10

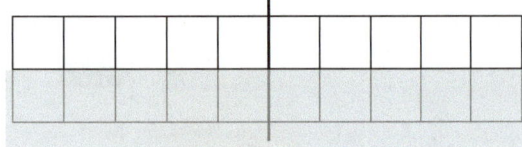

0 + __ = 10

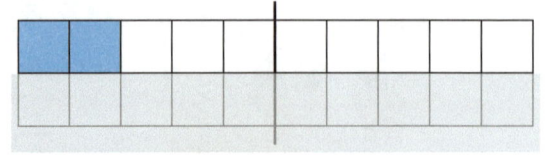

2 + __ = 10

Fredo 1 Mathematik – Förderheft © 2018 Cornelsen Verlag GmbH, Berlin

Zahlzerlegungen

⑤

2 + _3_ ✏️
1 + __
4 + __
3 + __
5 + __

⑥

2 + __
1 + __
4 + __
3 + __
5 + __

⑦

4 + __
2 + __
5 + __
3 + __
1 + __

⑧

5 + __
3 + __
1 + __
6 + __
2 + __
7 + __
4 + __

⑨

3 + __
5 + __
7 + __
8 + __
4 + __
6 + __
2 + __

⑩

7 + __
5 + __
8 + __
2 + __
6 + __
3 + __
1 + __

➡ Umschlagklappe: Wendeplättchen bzw. Holzwürfel

Fredo 1 Mathematik – Förderheft © 2018 Cornelsen Verlag GmbH, Berlin

Partner-
aufgaben

5 + 7

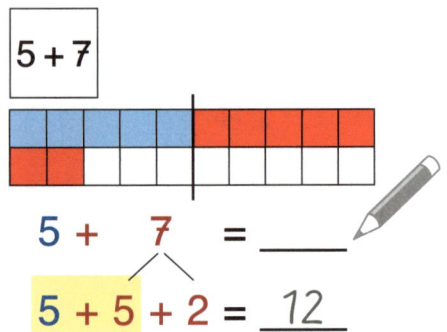

5 +   7   = ____

5 + 5 + 2 = _12_

6 + 8

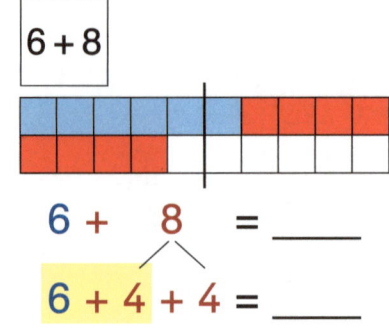

6 +   8   = ____

6 + 4 + 4 = ____

4 + 9

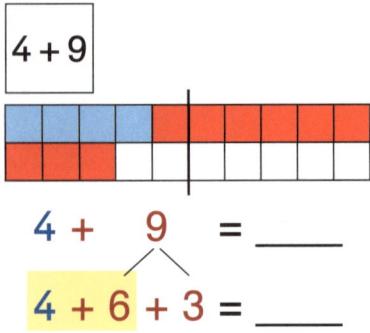

4 +   9   = ____

4 + 6 + 3 = ____

5 + 6

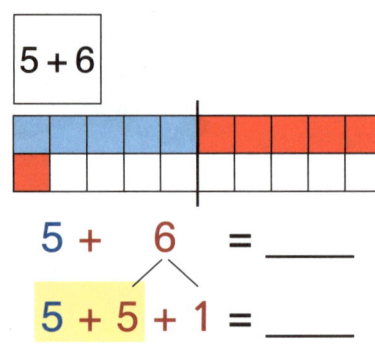

5 +   6   = ____

5 + 5 + 1 = ____

7 + 6

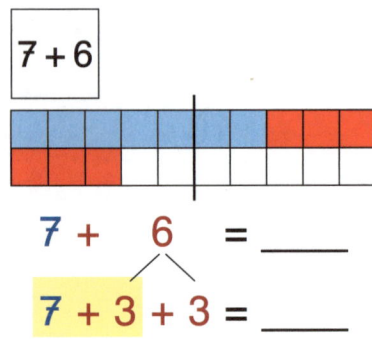

7 +   6   = ____

7 + 3 + 3 = ____

8 + 5

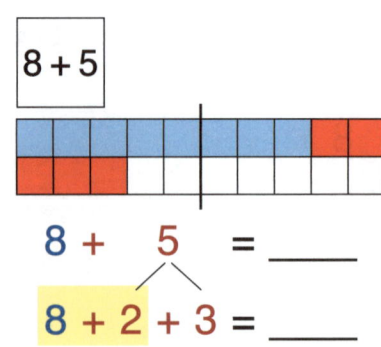

8 +   5   = ____

8 + 2 + 3 = ____

7 + 8

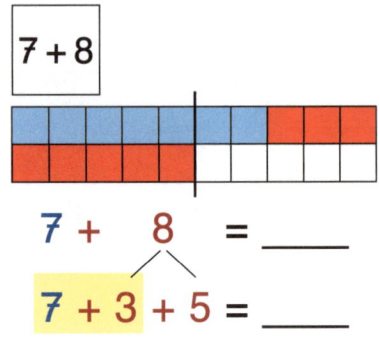

7 +   8   = ____

7 + 3 + 5 = ____

6 + 9

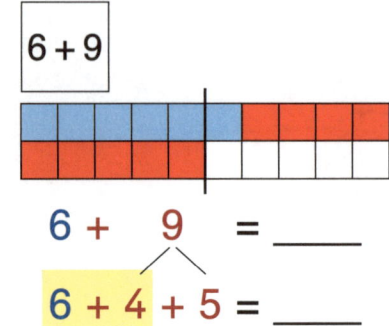

6 +   9   = ____

6 + 4 + 5 = ____

Fredo 1 Mathematik – Förderheft © 2018 Cornelsen Verlag GmbH, Berlin

Partner-aufgaben

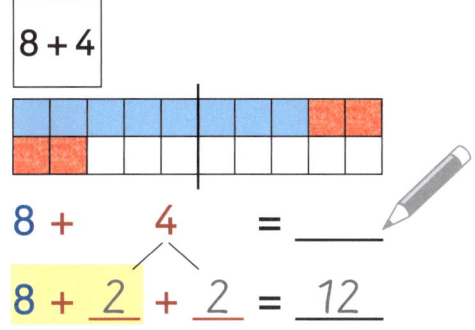

8 + 4

8 +   4 = ____

8 + _2_ + 2 = _12_

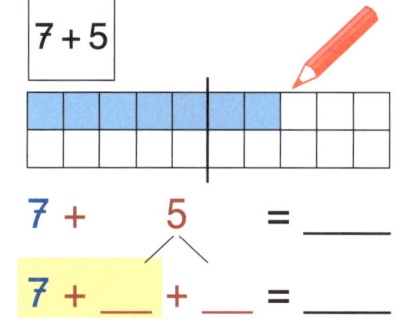

7 + 5

7 +   5 = ____

7 + __ + __ = ____

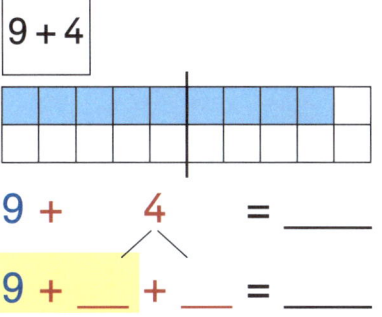

9 + 4

9 +   4 = ____

9 + __ + __ = ____

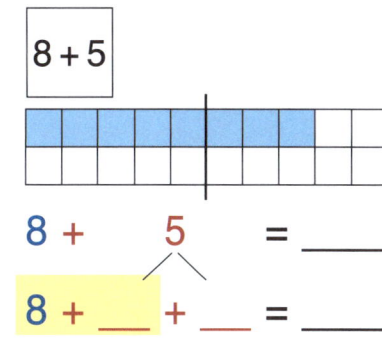

8 + 5

8 +   5 = ____

8 + __ + __ = ____

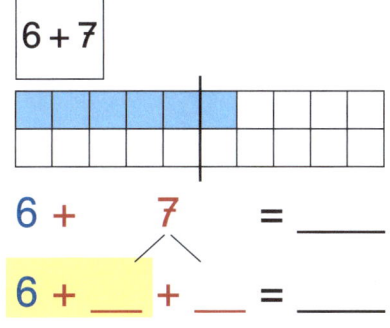

6 + 7

6 +   7 = ____

6 + __ + __ = ____

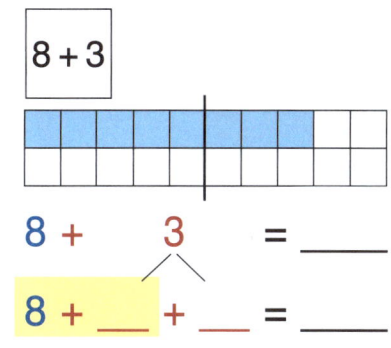

8 + 3

8 +   3 = ____

8 + __ + __ = ____

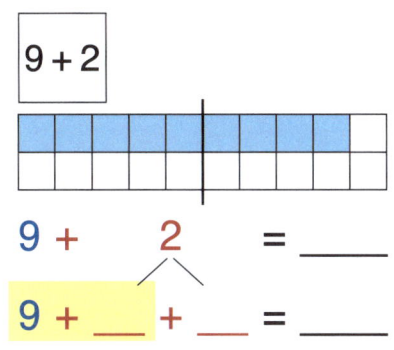

9 + 2

9 +   2 = ____

9 + __ + __ = ____

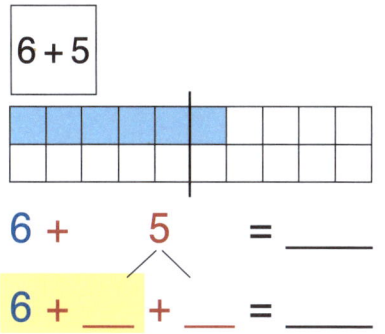

6 + 5

6 +   5 = ____

6 + __ + __ = ____

Fredo 1 Mathematik – Förderheft © 2018 Cornelsen Verlag GmbH, Berlin

Partner-
aufgaben

7 + 6

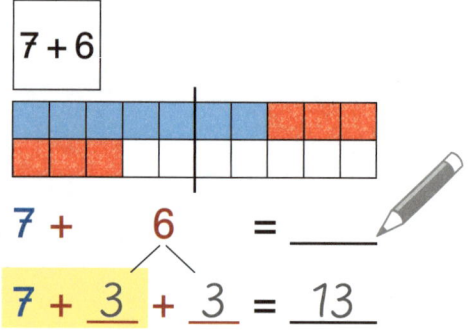

7 +   6   = ____

7 + _3_ + _3_ = _13_

8 + 9

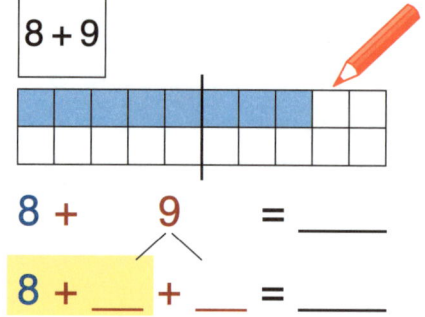

8 +   9   = ____

8 + __ + __ = ____

9 + 7

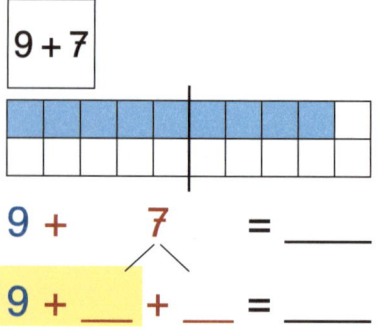

9 +   7   = ____

9 + __ + __ = ____

6 + 8

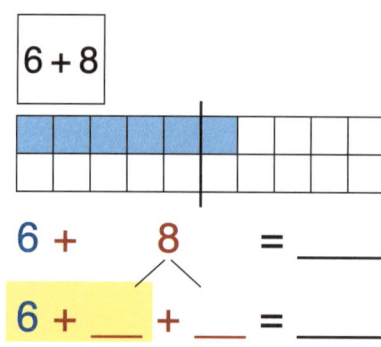

6 +   8   = ____

6 + __ + __ = ____

8 + 7

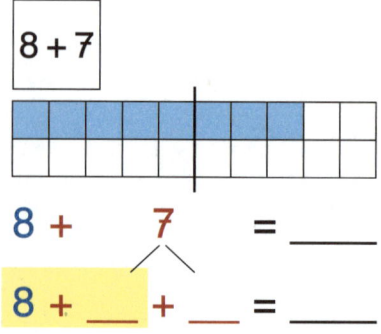

8 +   7   = ____

8 + __ + __ = ____

9 + 8

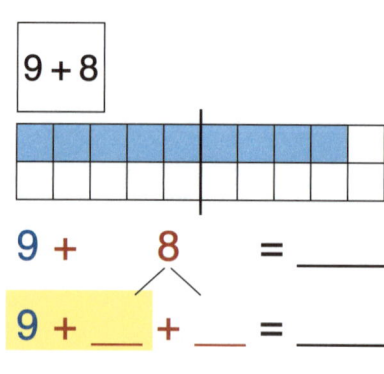

9 +   8   = ____

9 + __ + __ = ____

7 + 9

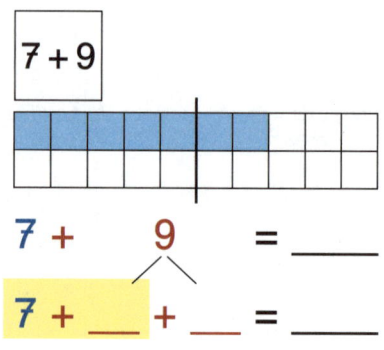

7 +   9   = ____

7 + __ + __ = ____

8 + 3

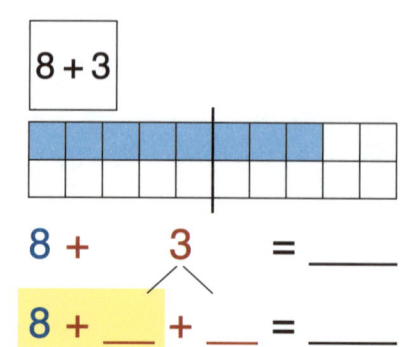

8 +   3   = ____

8 + __ + __ = ____

Fredo 1 Mathematik – Förderheft © 2018 Cornelsen Verlag GmbH, Berlin

Lege und rechne mit den Partneraufgaben.

7 +   5   = ____

7 + 3 + _2_ = _12_

---

6 +   8   = ____

6 + 4 + __ = ____

8 +   4   = ____

8 + 2 + __ = ____

---

5 +   8   = ____

5 + 5 + __ = ____

4 +   9   = ____

4 + 6 + __ = ____

---

7 +   6   = ____

7 + __ + __ = ____

8 +   9   = ____

8 + __ + __ = ____

---

3 +   8   = ____

3 + __ + __ = ____

4 +   8   = ____

4 + __ + __ = ____

---

9 +   7   = ____

9 + __ + __ = ____

3 +   9   = ____

3 + __ + __ = ____

---

4 +   7   = ____

4 + __ + __ = ____

9 +   8   = ____

9 + __ + __ = ____

➡ Umschlagklappe: Zwanzigerfeld und Wendeplättchen bzw. Holzwürfel

Unser Geld – Cent

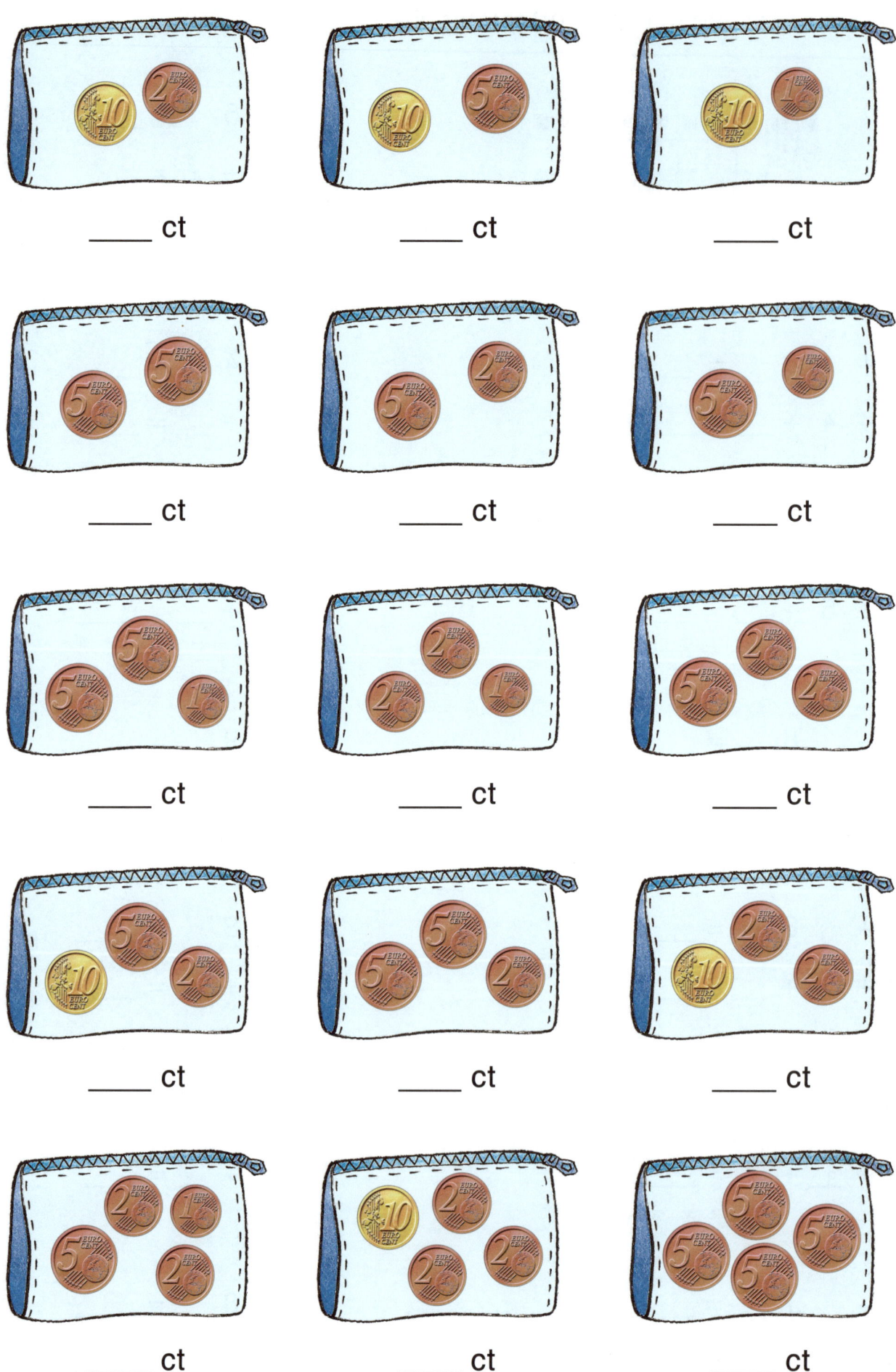

_____ ct   _____ ct   _____ ct

_____ ct   _____ ct   _____ ct

_____ ct   _____ ct   _____ ct

_____ ct   _____ ct   _____ ct

_____ ct   _____ ct   _____ ct

➡ Beilage zum Schülerbuch: Rechengeld

Fredo 1 Mathematik – Förderheft © 2018 Cornelsen Verlag GmbH, Berlin

Kaufladen spielen

1 Wie viel kostet es?

__ €

__ €

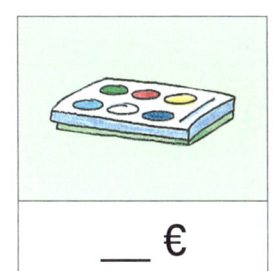

__ €

__ €

2 Wie viel kostet es?

__ € + __ € = ____ €

__ € + __ € = ____ €

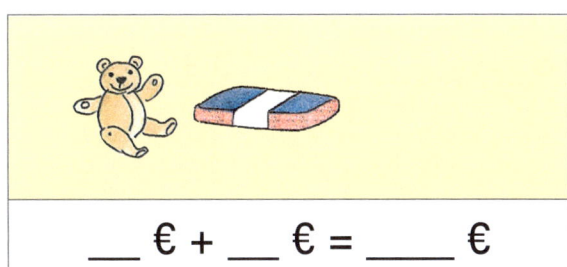

__ € + __ € = ____ €

__ € + __ € = ____ €

__ € + __ € = ____ €

__ € + __ € = ____ €

➡ Beilage zum Schülerbuch: Rechengeld

Fredo 1 Mathematik – Förderheft © 2018 Cornelsen Verlag GmbH, Berlin

Tauschaufgaben und Umkehraufgaben

1 Partneraufgaben und ihre Umkehraufgaben: Rechne.

6 + 4
$6 + 4 = 10$
$10 - 4 = \underline{\hphantom{00}}$

4 + 6
$4 + 6 = \underline{\hphantom{00}}$
$10 - 6 = \underline{\hphantom{00}}$

7 + 3
$7 + \underline{\hphantom{0}} = \underline{\hphantom{00}}$
$10 - 3 = \underline{\hphantom{00}}$

3 + 7
$3 + \underline{\hphantom{0}} = \underline{\hphantom{00}}$
$10 - 7 = \underline{\hphantom{00}}$

9 + 1
$9 + \underline{\hphantom{0}} = \underline{\hphantom{00}}$
$10 - \underline{\hphantom{0}} = \underline{\hphantom{00}}$

1 + 9
$1 + \underline{\hphantom{0}} = \underline{\hphantom{00}}$
$10 - \underline{\hphantom{0}} = \underline{\hphantom{00}}$

8 + 2
$8 + \underline{\hphantom{0}} = 10$
$10 - \underline{\hphantom{0}} = \underline{\hphantom{00}}$

2 + 8
$2 + \underline{\hphantom{0}} = \underline{\hphantom{00}}$
$10 - \underline{\hphantom{0}} = \underline{\hphantom{00}}$

2 Umkehraufgaben: Rechne.

$13 - 3 = \underline{\hphantom{00}}$
$10 + 3 = \underline{\hphantom{00}}$

$15 - 5 = \underline{\hphantom{00}}$
$10 + 5 = \underline{\hphantom{00}}$

$14 - 4 = \underline{\hphantom{00}}$
$10 + 4 = \underline{\hphantom{00}}$

$16 - 6 = \underline{\hphantom{00}}$
$10 + \underline{\hphantom{0}} = \underline{\hphantom{00}}$

$18 - 8 = \underline{\hphantom{00}}$
$10 + \underline{\hphantom{0}} = \underline{\hphantom{00}}$

$12 - 2 = \underline{\hphantom{00}}$
$10 + \underline{\hphantom{0}} = \underline{\hphantom{00}}$

$17 - 7 = \underline{\hphantom{00}}$
$10 + \underline{\hphantom{0}} = \underline{\hphantom{00}}$

$19 - 9 = \underline{\hphantom{00}}$
$10 + \underline{\hphantom{0}} = \underline{\hphantom{00}}$

$20 - 10 = \underline{\hphantom{00}}$
$10 + \underline{\hphantom{00}} = \underline{\hphantom{00}}$

Minusaufgaben

8 − 4 = __4__

18 − 4 = _____

7 − 4 = _____

17 − 4 = _____

8 − 3 = _____

18 − 3 = _____

7 − 3 = _____

17 − 3 = _____

5 − 2 = _____

15 − 2 = _____

5 − 5 = _____

15 − 5 = _____

8 − 6 = _____

18 − 6 = _____

9 − 3 = _____

19 − 3 = _____

10 − 8 = _____

20 − 8 = _____

6 − 4 = _____

16 − 4 = _____

4 − 3 = _____

14 − 3 = _____

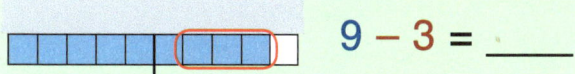
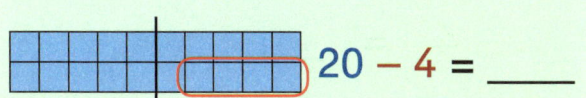

10 − 4 = _____

20 − 4 = _____

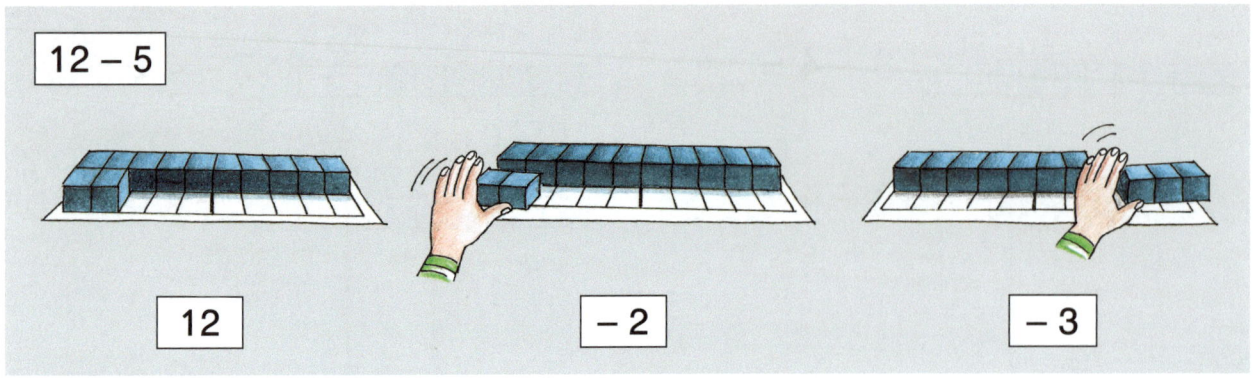

12 − 5

12   − 2   − 3

Kreise ein und rechne.

Zur 10 und dann weiter

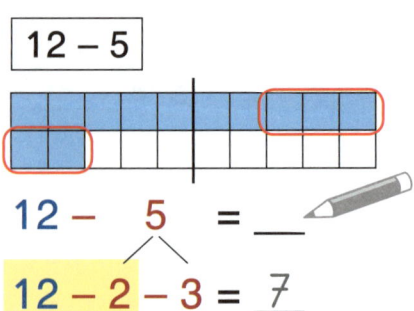

12 − 5

$12 - \quad 5 \quad = \underline{\hphantom{0}}$

$12 - 2 - 3 = \underline{7}$

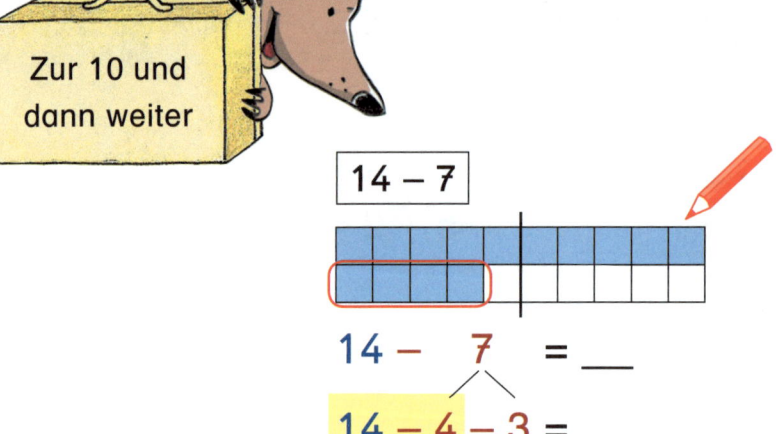

14 − 7

$14 - \quad 7 \quad = \underline{\hphantom{0}}$

$14 - 4 - 3 = \underline{\hphantom{0}}$

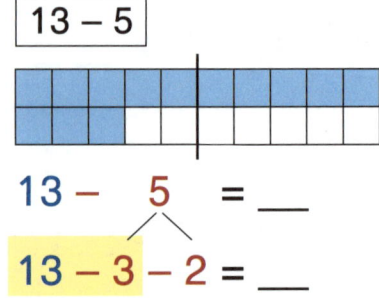

13 − 5

$13 - \quad 5 \quad = \underline{\hphantom{0}}$

$13 - 3 - 2 = \underline{\hphantom{0}}$

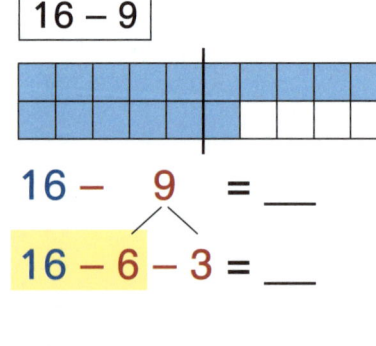

16 − 9

$16 - \quad 9 \quad = \underline{\hphantom{0}}$

$16 - 6 - 3 = \underline{\hphantom{0}}$

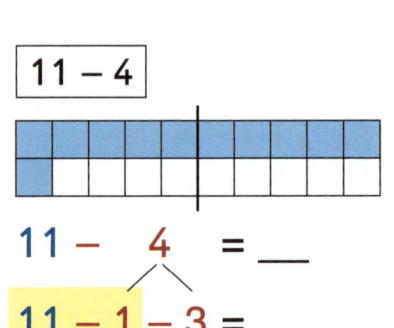

11 − 4

$11 - \quad 4 \quad = \underline{\hphantom{0}}$

$11 - 1 - 3 = \underline{\hphantom{0}}$

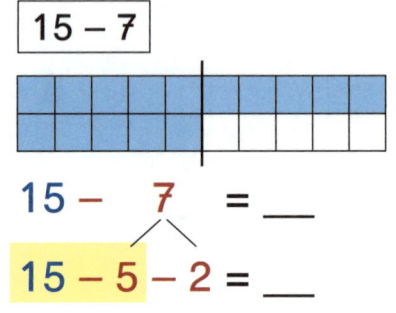

15 − 7

$15 - \quad 7 \quad = \underline{\hphantom{0}}$

$15 - 5 - 2 = \underline{\hphantom{0}}$

Fredo 1 Mathematik – Förderheft © 2018 Cornelsen Verlag GmbH, Berlin

Bis zur 10 und dann weiter

Kreise ein und rechne.

Zur 10 und
dann weiter

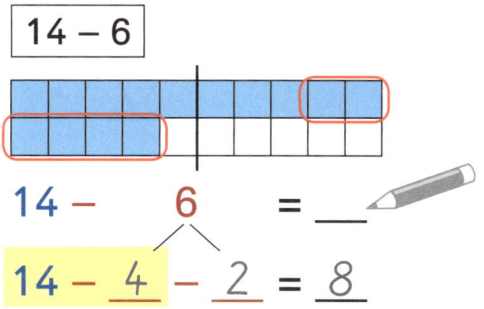

14 −   6   = ___

14 − _4_ − 2 = _8_

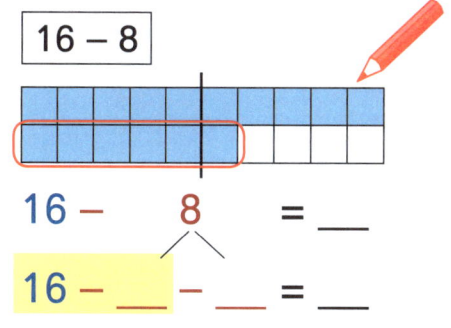

16 −   8   = __

16 − __ − __ = __

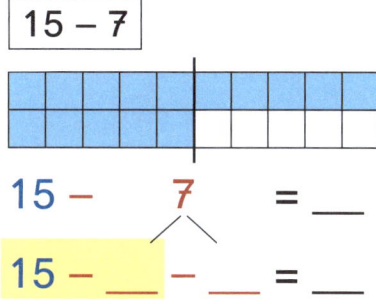

15 −   7   = __

15 − __ − __ = __

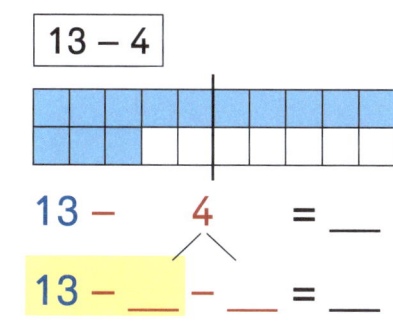

13 −   4   = __

13 − __ − __ = __

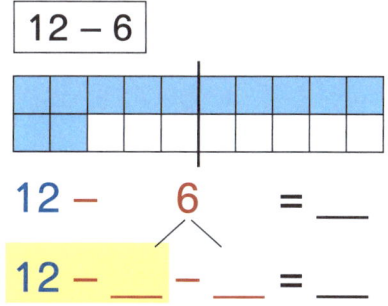

12 −   6   = __

12 − __ − __ = __

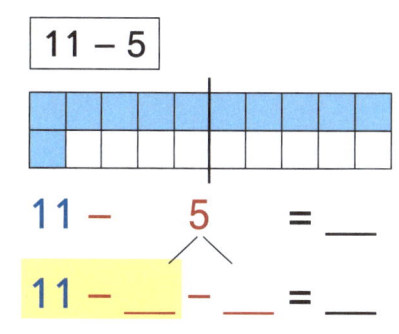

11 −   5   = __

11 − __ − __ = __

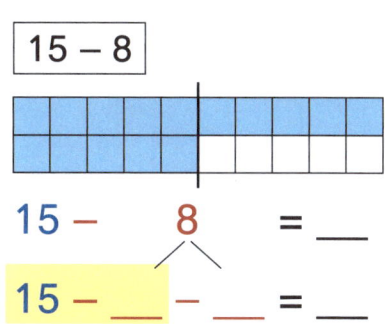

15 −   8   = __

15 − __ − __ = __

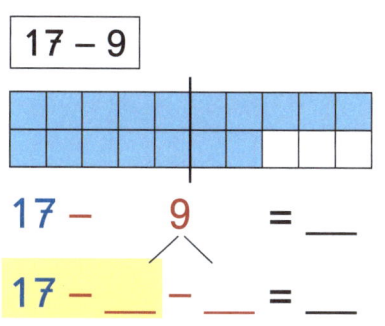

17 −   9   = __

17 − __ − __ = __

Bis zur 10 und dann weiter

Kreise ein und rechne.

Zur 10 und
dann weiter

15 – 6

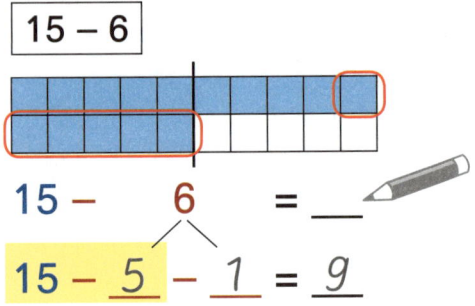

15 –   6   = __

15 – <u>5</u> – <u>1</u> = <u>9</u>

13 – 7

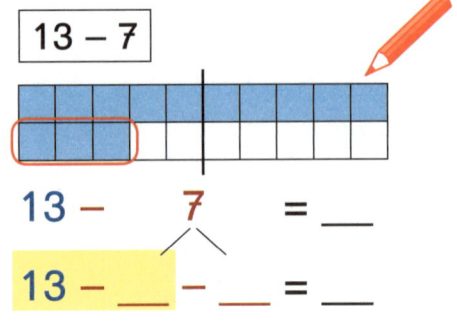

13 –   7   = __

13 – __ – __ = __

11 – 4

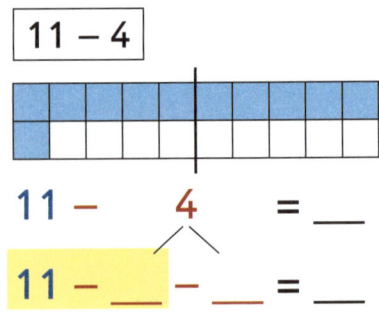

11 –   4   = __

11 – __ – __ = __

14 – 5

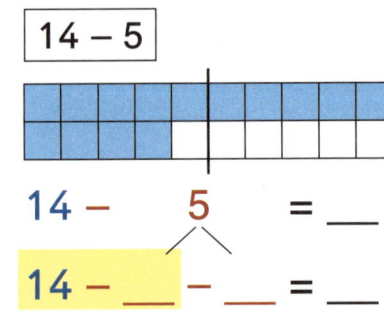

14 –   5   = __

14 – __ – __ = __

16 – 7

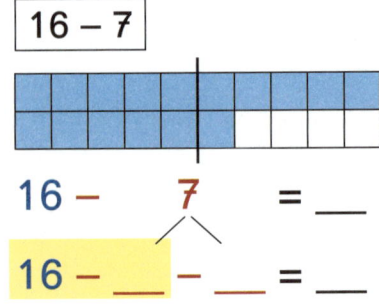

16 –   7   = __

16 – __ – __ = __

12 – 5

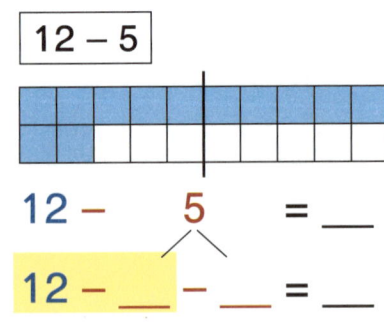

12 –   5   = __

12 – __ – __ = __

13 – 5

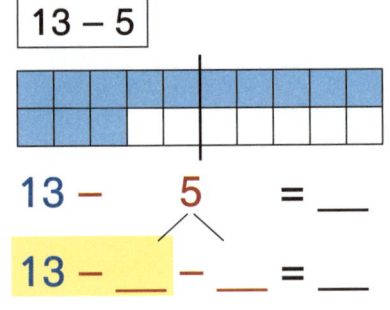

13 –   5   = __

13 – __ – __ = __

18 – 9

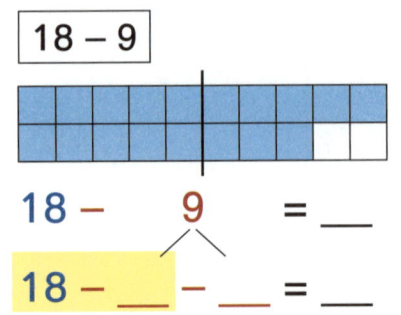

18 –   9   = __

18 – __ – __ = __

Fredo 1 Mathematik – Förderheft © 2018 Cornelsen Verlag GmbH, Berlin

Lege und rechne.

Verwende ein großes Zwanzigerfeld. Du findest es hinten im Heft.

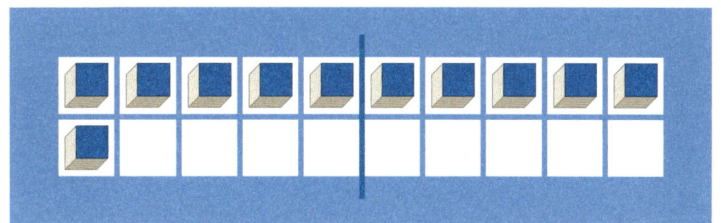

11 –   6 = __

11 – 1 – _5_ = __

12 –   7 = __

12 – 2 – __ = __

14 –   8 = __

14 – 4 – __ = __

15 –   9 = __

15 – 5 – __ = __

11 –   3 = __

11 – __ – __ = __

16 –   7 = __

16 – __ – __ = __

13 –   8 = __

13 – __ – __ = __

17 –   9 = __

17 – __ – __ = __

12 –   5 = __

12 – __ – __ = __

14 –   6 = __

14 – __ – __ = __

16 –   8 = __

16 – __ – __ = __

15 –   7 = __

15 – __ – __ = __

➡ Umschlagklappe: Zwanzigerfeld und Wendeplättchen bzw. Holzwürfel

Fredo 1 Mathematik – Förderheft © 2018 Cornelsen Verlag GmbH, Berlin

1 Male an und rechne.

4 + 1 = ___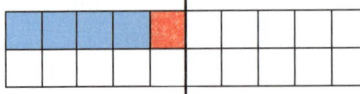

4 + 2 = ___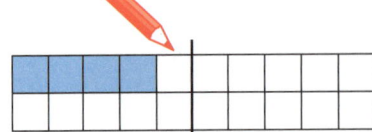

4 + 3 = ___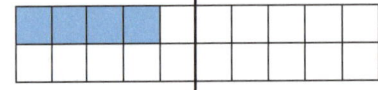

4 + 4 = ___

> Die erste Zahl bleibt immer **gleich**.
>
> Die zweite Zahl wird **um ___ größer**.
>
> Das Ergebnis wird **um ___ größer.**

2 Lege und rechne.

3 + 2 = ___

3 + 3 = ___

3 + 4 = ___

3 + 5 = ___

> Die erste Zahl bleibt immer **gleich**.
>
> Die zweite Zahl wird **um ___ größer**.
>
> Das Ergebnis wird **um ___ größer.**

2 + 1 = ___

2 + 3 = ___

2 + 5 = ___

2 + 7 = ___

> Die erste Zahl bleibt immer **gleich**.
>
> Die zweite Zahl wird **um ___ größer**.
>
> Das Ergebnis wird **um ___ größer.**

➡ Umschlagklappe: Zwanzigerfeld und Wendeplättchen bzw. Holzwürfel

Fredo 1 Mathematik – Förderheft © 2018 Cornelsen Verlag GmbH, Berlin

1 Kreise ein und rechne.

6 − 1 = __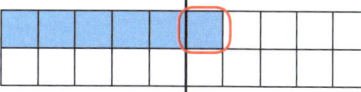

6 − 2 = __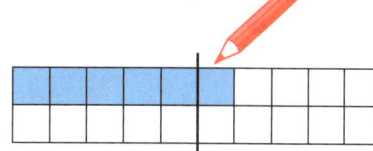

6 − 3 = __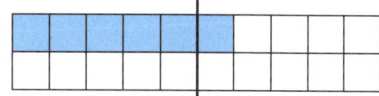

6 − 4 = __

> Die erste Zahl bleibt immer **gleich**.
>
> Die zweite Zahl wird **um __ größer**.
>
> Das Ergebnis wird **um __ kleiner.**

2 Lege und rechne.

7 − 2 = __

7 − 3 = __

7 − 4 = __

7 − 5 = __

> Die erste Zahl bleibt immer **gleich**.
>
> Die zweite Zahl wird **um __ größer**.
>
> Das Ergebnis wird **um __ kleiner.**

9 − 1 = __

9 − 3 = __

9 − 5 = __

9 − 7 = __

> Die erste Zahl bleibt immer **gleich**.
>
> Die zweite Zahl wird **um __ größer**.
>
> Das Ergebnis wird **um __ kleiner.**

Fredo 1 Mathematik – Förderheft © 2018 Cornelsen Verlag GmbH, Berlin

➡ Umschlagklappe: Zwanzigerfeld und Wendeplättchen bzw. Holzwürfel

Rechengeschichten

Welche Aufgabe passt? Kreuze an.

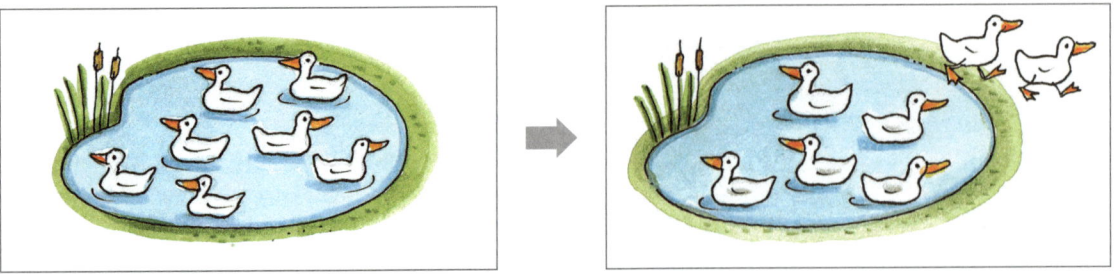

☐ 2 + 5 = __   ☐ 7 – 2 = __   ☐ 5 – 2 = __

☐ 4 + 4 = __   ☐ 7 – 3 = __   ☐ 4 + 3 = __

☐ 4 + 2 = __   ☐ 5 + 2 = __   ☐ 5 – 2 = __

☐ 6 + 3 = __   ☐ 9 – 3 = __   ☐ 6 – 3 = __

Fredo 1 Mathematik – Förderheft © 2018 Cornelsen Verlag GmbH, Berlin

Die Uhr

1 Wie spät ist es?

____ Uhr   ____ Uhr   ____ Uhr   ____ Uhr

____ Uhr   ____ Uhr   ____ Uhr   ____ Uhr

2 Trage die Zeiger ein.

5 Uhr   9 Uhr   2 Uhr

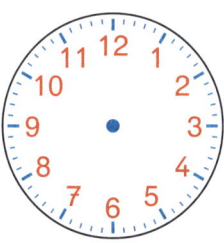 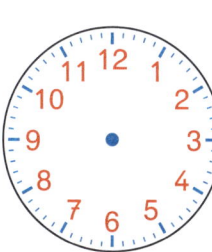 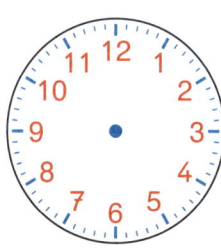

1 Uhr   8 Uhr   3 Uhr

 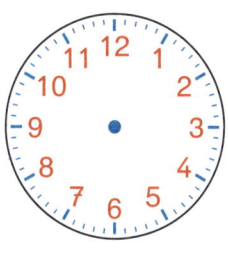 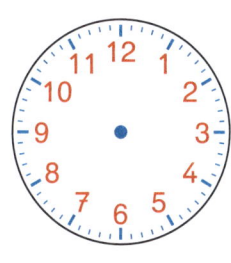

7 Uhr   4 Uhr   11 Uhr

Fredo 1 Mathematik – Förderheft © 2018 Cornelsen Verlag GmbH, Berlin

➡ Beilage zum Schülerbuch: Uhr

Zeitspannen

Wie spät ist es nun? Trage die Zeiger ein. Schreibe auf.

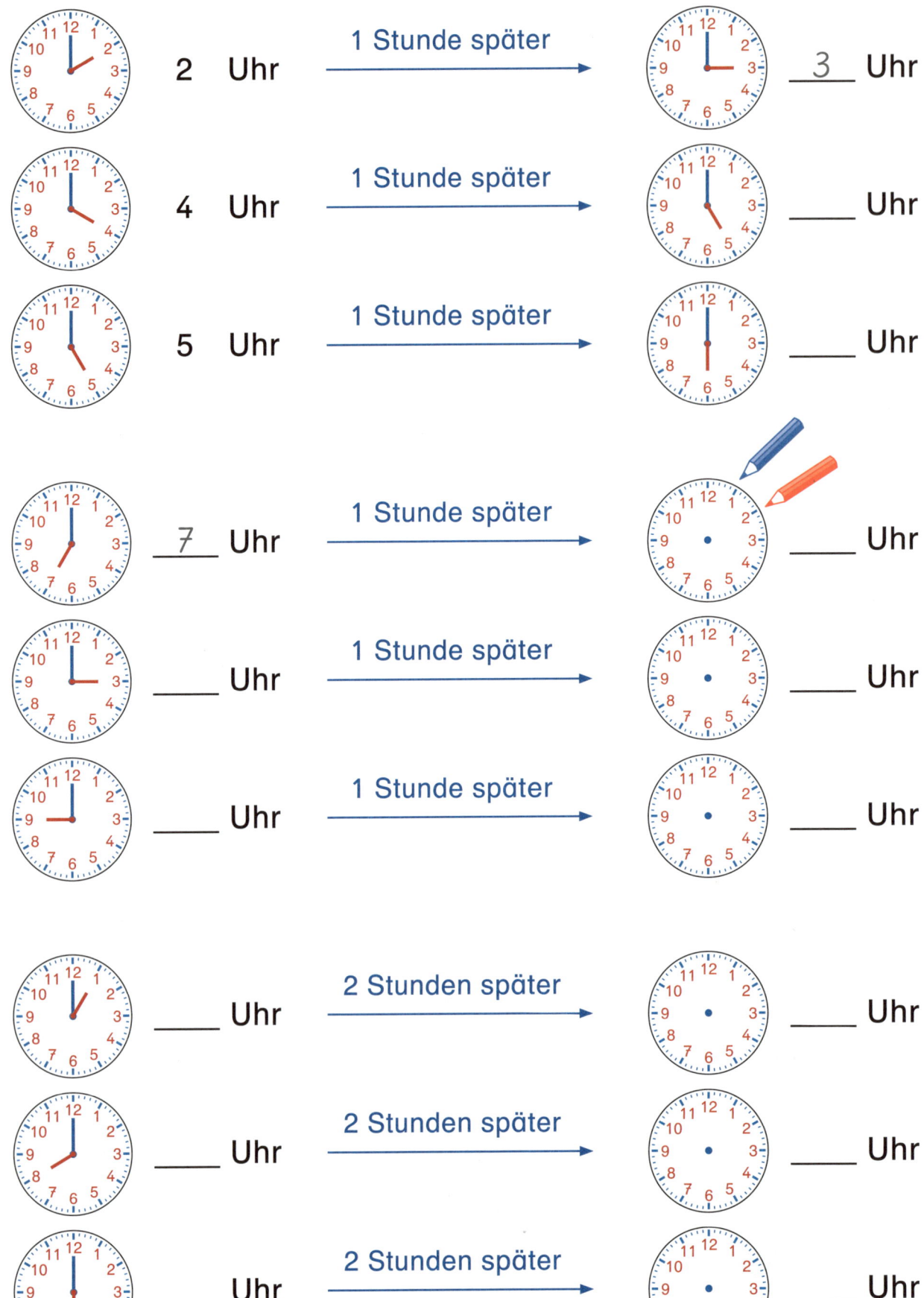

2 Uhr → 1 Stunde später → _3_ Uhr

4 Uhr → 1 Stunde später → ____ Uhr

5 Uhr → 1 Stunde später → ____ Uhr

_7_ Uhr → 1 Stunde später → ____ Uhr

____ Uhr → 1 Stunde später → ____ Uhr

____ Uhr → 1 Stunde später → ____ Uhr

____ Uhr → 2 Stunden später → ____ Uhr

____ Uhr → 2 Stunden später → ____ Uhr

____ Uhr → 2 Stunden später → ____ Uhr

➡ Beilage zum Schülerbuch: Uhr

Fredo 1 Mathematik – Förderheft © 2018 Cornelsen Verlag GmbH, Berlin

Rechenmauern

1 Rechne. Kreise die beiden höchsten Zielsteine ein.

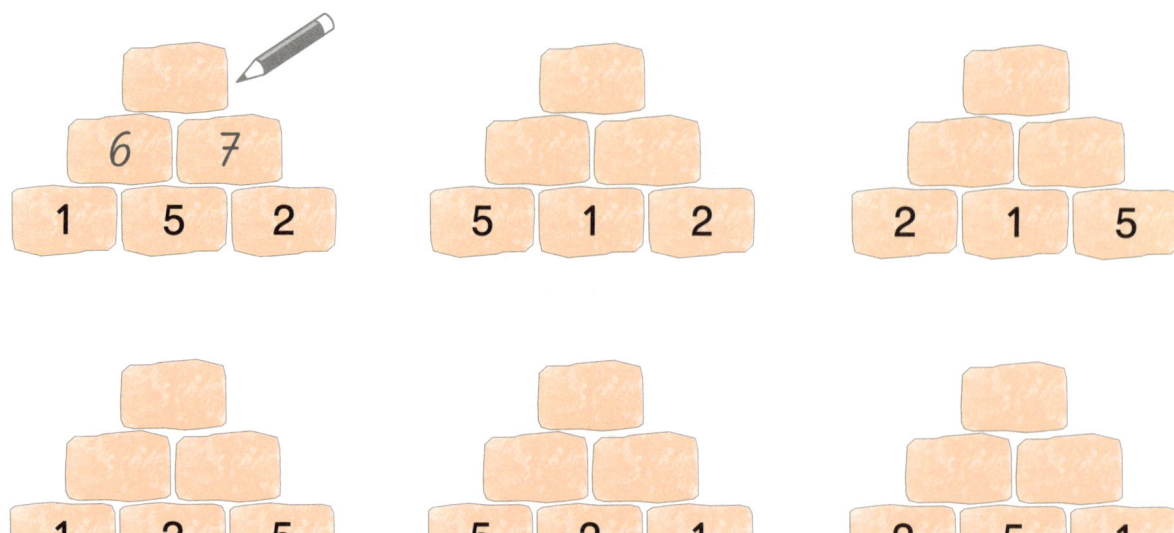

… und jetzt noch der **Zielstein**.

2 Rechne. Kreise die beiden höchsten Zielsteine ein.

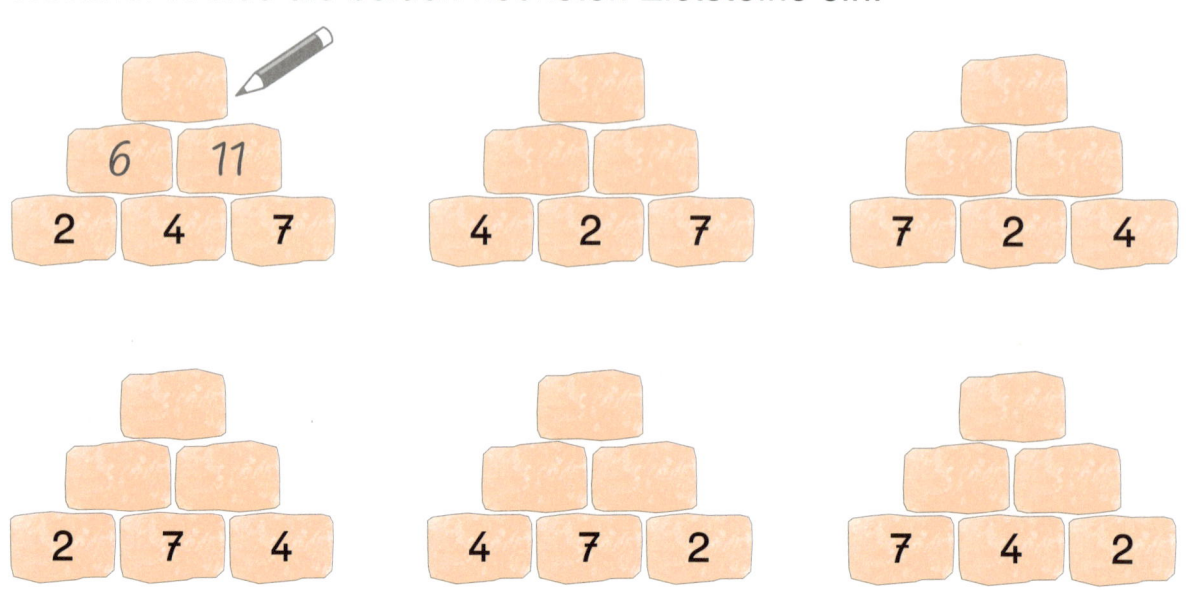

Fredo 1 Mathematik – Förderheft © 2018 Cornelsen Verlag GmbH, Berlin

1

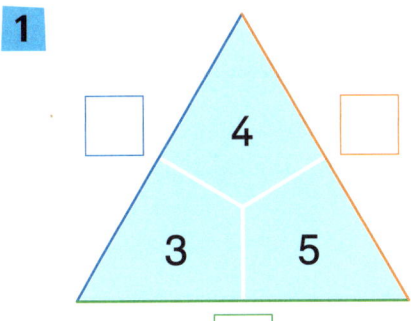

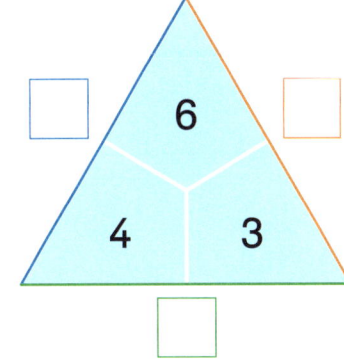

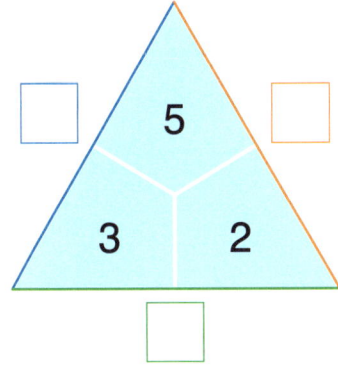

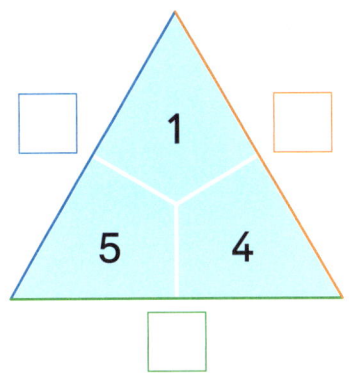

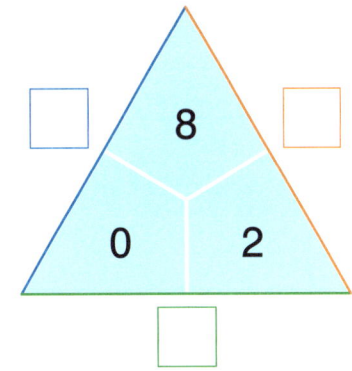

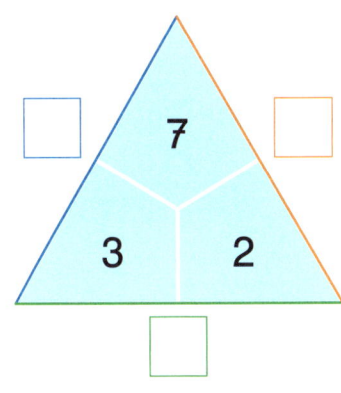

2

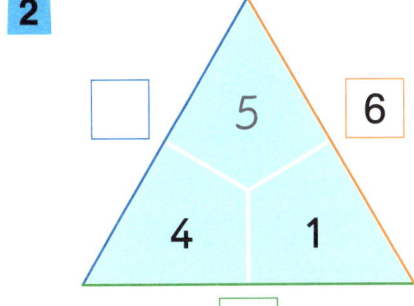

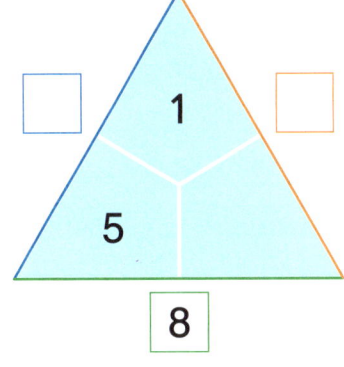

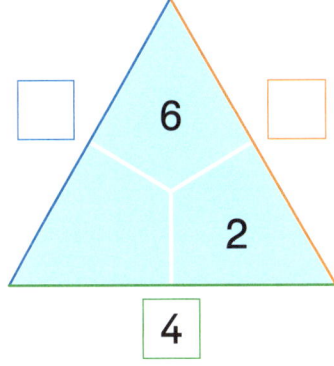

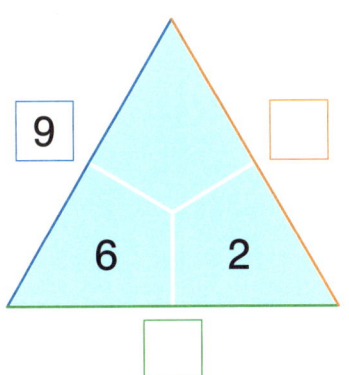

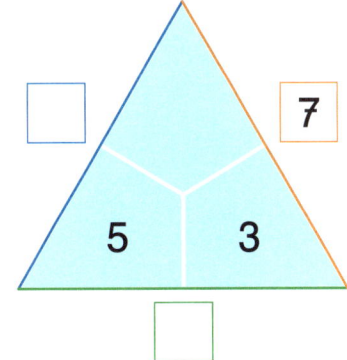

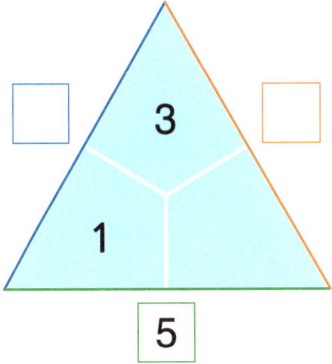

Fredo 1 Mathematik – Förderheft © 2018 Cornelsen Verlag GmbH, Berlin

Wie viel Geld bekommen die Kinder zurück?

	hat	kauft	bekommt zurück
Olga	10 €	9 €	___ €
Emilio	10 €	___ €	___ €
Kim	10 €	___ €	___ €
Tobi	10 €	___ €	___ €
Jana	10 €	___ €	___ €

➡ Beilage zum Schülerbuch: Rechengeld

Fredo 1 Mathematik – Förderheft © 2018 Cornelsen Verlag GmbH, Berlin

Gleich und ungleich

Vergleiche: <, =, >

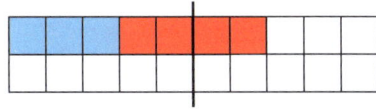

$$3 + 4 \qquad \bigcirc \qquad 4 + 3$$

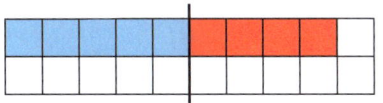

$$5 + 4 \qquad \bigcirc \qquad 4 + 4$$

$$7 + 1 \qquad \bigcirc \qquad 7 + 2$$

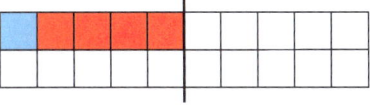

$$1 + 4 \qquad \bigcirc \qquad 2 + 4$$

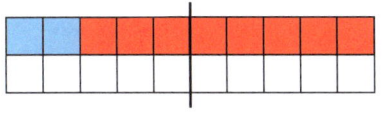

$$2 + 8 \qquad \bigcirc \qquad 8 + 2$$

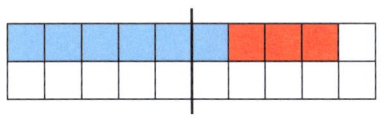

$$6 + 3 \qquad \bigcirc \qquad 5 + 3$$

Am Strand

🍦	1 Kugel Eis	1 €
🧁	Muffin	2 €
🌭	Bratwurst	3 €
🍕	Pizza	4 €
🥤	Wasser	1 €
🧃	Saft	2 €

1

Frage: Wie viel Euro muss Ben bezahlen?

Rechnung: ___ € + ___ € = ___ €

Antwort: Ben muss ___ € bezahlen.

2

Frage: Wie viel Euro muss Luis bezahlen?

Rechnung: ___ € + ___ € = ___ €

Antwort: Luis muss ___ € bezahlen.

3

Frage: Wie viel Euro muss Olga bezahlen?

Rechnung: _____

Antwort: Olga muss ___ € bezahlen.

➡ Beilage zum Schülerbuch: Rechengeld

Fredo 1 Mathematik – Förderheft © 2018 Cornelsen Verlag GmbH, Berlin

4

Frage: Wie viel Euro muss Pia bezahlen?

Rechnung: ___ € + ___ € + ___ € = ___ €

Antwort: Pia muss ___ € bezahlen.

5

Frage: Wie viel Euro muss Kim bezahlen?

Rechnung: _____

Antwort: Kim muss ___ € bezahlen.

6

Frage: Wie viel Euro muss Ali bezahlen?

Rechnung: _____

Antwort: Ali muss ___ € bezahlen.

7

Wasser	
1 Wasser	1 €
2 Wasser	___ €
3 Wasser	___ €
4 Wasser	___ €
5 Wasser	___ €

8

Muffin	
1 Muffin	2 €
2 Muffins	___ €
3 Muffins	___ €
4 Muffins	___ €
5 Muffins	____ €

Fredo 1 Mathematik – Förderheft © 2018 Cornelsen Verlag GmbH, Berlin

Quellenverzeichnis

S. 45, 46, 65, 76, 92: Euromünzen © Europäische Union; Euroscheine, Quelle: Deutsche Bundesbank

Fredo 1 Mathematik

Erarbeitet von:	Mechtilde Balins, Rita Dürr, Nicole Franzen-Stephan, Petra Gerstner, Ute Plötzer, Anne Strothmann, Margot Torke und Lilo Verboom
Unter Beratung von:	Stephan Franke
Redaktion:	Antje Bauditz, Altenstadt (Hessen); Marlen Dietz
Illustration:	Cleo-Petra Kurze; Renate Möller (Fingerbilder: S. 6–10, 17, 20, 21, 30–32, 69); Martina Theisen (Leitfiguren: Fredo, Frida, Fips)
Grafik:	Detlef Seidensticker, München
Umschlagkonzept:	Mendell & Oberer, München
Umschlaggestaltung:	Corinna Babylon, Berlin
Layoutkonzept:	Erasmi + Stein, München
Technische Umsetzung:	fidus Publikations-Service GmbH, Nördlingen

www.oldenbourg.de

1. Auflage, 2. Druck 2019

Alle Drucke dieser Auflage sind inhaltlich unverändert und können im Unterricht nebeneinander verwendet werden.

© 2018 Cornelsen Verlag GmbH, Berlin

Druck: H. Heenemann, Berlin

ISBN 978-3-637-02600-1

PEFC zertifiziert
Dieses Produkt stammt aus nachhaltig bewirtschafteten Wäldern und kontrollierten Quellen.
www.pefc.de
PEFC/04-31-1156